国費解剖
知られざる政府予算の病巣

日本経済新聞社 編

JN039270

日経プレミアシリーズ

はじめに

1日で「4兆円」を上積みしたという。

2022年10月26日、政府が総合経済対策を打ち出すために第2次補正予算案を固める最終局面のことだ。鈴木俊一財務相が岸田文雄首相に示した総額25兆1000億円とする案に「少なすぎる」と自民党幹部がかみつき、翌日になると総額は約29兆円に膨れ上がっていた。まさに「規模ありき」である。

新型コロナウイルス対策に加え、ロシアによるウクライナ侵攻や急激な円安に端を発する物価高を抑制するとの名目を前面に打ち出したが、そこには熟慮を重ねて大事な血税を使うという姿勢はない。

一般会計の追加歳出は28兆9222億円に達した。追加歳出の8割は新たに国債を発行して穴埋めをする。当初予算を合わせた2022年度の一般会計の歳出は139兆2196億円とコロナ対策で膨らんだ2020年度、2021年度に続く過去3番目の規模となり、国債発行額も当初計画から7割増の62兆4789億円と過去2番目の水準となる。2021年の国内総生産（GDP）と比べた日本の債務残高は263％と、米国の128％、英国の95％を大きく引き離す。世界最悪とも言える財政状況なのに、歳出膨張に歯止めをかけるブレーキ役はほとんどいない。

補正予算は本来、例外的な措置である。財政法29条では、法律や契約で国が支払う義務のある経費が不足した場合や、当初予算の作成後に生じた事象に基づいて特に緊急で必要となった経費や債務負担を賄う場合に限って補正予算の作成を認めている。つまり安易に補正予算を組んではいけない、ということだ。

この財政法の規定にもかかわらず、補正予算の編成が毎年度の恒例になっている。それぞれの中身は予期しなかった緊急事態への対応とはほど遠い項目のオンパレードだ。

当初予算で希望が通らなかった政治家や官僚のガス抜きとなっているのではないか。補正予算の編成は国会審議の時間が短くバタバタと決まるため、厳しい目をかいくぐりやすいのだ。

規模ありきなのでそれぞれの政策の根拠が薄弱だ。2022年度第2次補正予算ではガソリン補助金の延長に加え、電気・ガス代の負担を抑える補助金を導入。燃料価格が高騰すれば需要は抑制され、価格は下がる方向に転じるはずだ。目先の価格対策よりも脱炭素技術の支援に手厚く配分する方が、日本のエネルギー需給構造の強化につながるのではないか。

今後も歳出拡大の圧力は強まる一方だ。一般会計歳出の3割強を占める社会保障費は少子高齢化の影響で膨らむ。過去の借金の返済と利払いも歳出の2割を占め、国債を乱発しているので当然これも増えていく。このままではほかの必要な政策に充てる財源が先細りしていくことになる。

日本の財政規律は崩壊している。ずさんな税金の使い方を放置すれば、将来世代に巨額のツケを回すことになる。

日本経済新聞は長年、日本の財政問題と向き合ってきたが、タガが外れたように「100兆円超え」の予算を組み続ける政府に危機感を募らせた。規律を取り戻させるためには、国民とともにメディアとして政府への監視を強める必要がある。

そのために日本経済新聞や日経電子版で2021年8月に始めたのが、本書のタイトルにもなっている調査報道シリーズ「国費解剖」だ。単純に個別予算の無駄遣いや利益誘導に焦点を当てるのではなく、国民からは見えにくい「ブラックボックス」にメスを入れることによって日本の財政の構造問題を明らかにすることにこだわった。

最初に目を付けたのが国の「基金」だった。きっかけは2020年度第3次補正予算で作った「グリーンイノベーション基金」だ。脱炭素技術の開発を支援するのが目的で当初の見積もりは1兆円だったが、当時の菅義偉首相による鶴の一声で2兆円に膨らんだ。基金は必要額が見込みにくい事業のために設置し、複数年で拠出する。単年度主義の予算と異なり、柔軟に資金支援できる半面、国会の監視が働きにくい。そんな基金が簡単に倍増する。

政府の使い勝手のいい「財布」になっているのではないか。そんな問題意識が芽生え、どんな基金が存在しているのかを少し調べたところ、主に補正予算を組むたびに新増設が繰り返され、補助金を配る目的の国の基金事業は200件近く存在し、多額の資金が滞留していることが分かった。基金に関するニュースはあまりなく、関連する専門家の論考もわずかしかない。見えないところに構造的な問題が潜んでいるに違いないとの直感が働き、取材を進めた。その内容は本書で詳述する。

同じような切り口で、予備費や委託費、特別会計など通常の予算や財政の記事ではあまり取り上げてこなかったテーマに対象を広げた。その過程で次々と浮かび上がったのは、規模ありきで確保した予算をいたるところで塩漬けにしている実態と、既得権益を保持・拡張しようと無駄な政策メニューを乱立させる実態だった。

繰り返すが、その財源はわたしたちの税金だけでなく巨額の国債発行によって賄われている。あるところではタンス預金をするために借金をし、ある場面では札束を燃やすために借金をしているようなものだ。

私たちは日本の財政に潜む病巣を発見し、解剖し、その病理を明らかにする作業を繰り返した。そのための武器としたのが「データ」だ。実は普段目に触れることはなくても、国や自治体は膨大な統計や資料を公表している。オープンデータに加え、数多くの行政資料を情報公開請求し、手元にたぐり寄せた。これらを独自の切り口で分析し、関係者の証言や表面的な事象だけに頼らず、国費がどこへ流れ、どこで滞留し、浪費されているのかを掘り起こしていった。

取材の過程では国や自治体の当事者たちが残した記録やデータが不完全で、誤りが極めて多く、あえて国民の検証を妨げるように仕組んでいるのではないかと疑いたくなるほどずさんであることもわかった。過去の政策を検証しようにも当時の担当者は入れ替わり、後任に聞いても事情が判然としないことが頻繁にあった。いずれも行政の無責任体質の一面である。このために私たちの取材や分析は何度も壁にぶち当たった。

「国費解剖」シリーズの取材班は調査報道を担当する記者と日常的に中央省庁を相手にしている記者、コンピュータープログラミングのノウハウを持ち、データ分析を得意とする記者を中心に構成した。取材班の大半は財政問題を取材した経験がなく、基本的な資料を読み込むことから始めた。前例やいわゆる官庁の常識にとらわれない新鮮な視点で調査報道に取り組んだことが、財政問題に新しい光を当てることにつながったと自負している。

本書は日本経済新聞や日経電子版に掲載した「国費解剖」の記事をベースに再構成した。紙面で紹介しきれなかったエピソードやデータを盛り込むなど、大幅に加筆・修正した。なお登場する人物の肩書などは原則、取材時のままとした。

残念なことに「国費解剖」が始まってからも、財政規律の崩壊が一段と強まっている。読者のみなさんにも国費の流れに厳しい目を向けていただきたいと考え、本書ではできるだけ取材・調査のプロセスを紹介する。隠れた問題発掘に私たちとともに取り組む一助としていただければ幸いである。

２０２３年２月

「国費解剖」取材班代表
日本経済新聞社
社会・調査報道ユニット調査報道グループ
部次長　鷺森弘

目次

はじめに 3

序章 コロナ予算はどこにいった？ 17

説明求める声、ネットで飛び交う／きっかけは財務官僚のつぶやき／公共事業費よりも巨額のコロナ予備費／大きなたらいで混ぜられた「色水」／チェック機能働かず

第1章 予備費の誘惑、乱発される「緊急事態」 29

1 物価対策なら何でもあり 30

わずかひと晩で4兆円の予算増額／突然加わった「第5の柱」／「予備費」とは本来どんなものか／「別枠」が本格化したのは第1次石油危機から／政府が新たに編み出した「奇策」とは

2 緊急性見誤り、予備費使い残す 41
「コロナ予算を防衛費の財源に」の背景／予備費投入額を上回る使い残し／剰余金が補正予算の財源に化ける／参院が会計検査院に解明要請

3 守られぬ国会承諾ルール 49
「適時開示」はコロナ関連のみ／提出から議決は平均484日／財政法の精神軽視

インタビュー 巨額の予備費、透明化への道筋 54
「財務相の判断根拠の開示を」▼大阪大 片桐直人准教授
「国会の審議予定、明確化が必要」▼東京大 藤谷武史教授

第2章 基金という名の「ブラックボックス」 61

1 乱立200基金、巨額の塩漬け 62
消えた「まちづくり」／首相の「鶴の一声」で2兆円に倍増／予算「単年度主義」の例外／「基金シート」を徹底分析すると…／過剰な積立額は2兆6000億円／EV充電設備の普及策も「規模ありき」／

職業訓練支援も利用が伸びず空振り／役所に頼られる「無名の団体」とは／実際の事務局は広告代理店・コンサル

2 過剰人員、中小企業の支援金食い潰す 82

右肩下がりの補助金申請／通称「405事業」／補助金105億円の拠出に経費67億円／業務量減っても、人員は変わらず／潤うのは支援側

3 畜産基金、支給遅れ常態化 91

農機リース補助は「2年待ち」も／書類上の「きれいすぎる数字」の謎／農水省「記載は不適切」と認める／支出を上回る国費を毎年投入／会計検査院も指摘

4 基金で病床再編、戦略なき迷走 101

都道府県に設置、実態見えにくく／愛知県の計画、実現はわずか14分の1／計画達成は「ゼロ」／コロナ患者の受け入れに影響／交付先未定でも「全額使う予定」／基金の新増設は加速するばかり

インタビュー　基金の弊害、どう防ぐ　112
「スクラップ・アンド・ビルドが必要」▼早稲田大 小林麻理教授
「『基金基本法』と省庁横断の監視機能を」▼白鷗大 藤井亮二教授
番外編　防衛装備品、調達価格が上昇　118

第3章　特別会計、今も「離れですき焼き」　127

1　コメ減収補塡に「必要ない予算」温存　128
防衛費の財源候補に浮上／決算データから見えてくる予算編成の実態／実需の238倍超の予算を温存／コメ政策が二転三転／余った予算は特会内で繰り越し／交付金を温存しつつ類似制度を新設

2　エネ特会、脱炭素に回らず　138
新素材の「快適衣服」でCO_2を削減？／環境省の苦しい説明／脱炭素に「便乗」した事業も／復興特会、被災地の実態とズレ

3　特会にも巨額予備費　146

外為特会では26年間、一度も使われず／金利上昇、二重に備え／
予備費は「枠」ではなく、歳入必要／8年間で利用は平均2％／
予算が余っているのに多額の予備費計上／省庁の使い勝手がよい「財布」
番外編 公共事業の未消化4兆円 154

第4章 **コンサル頼みの委託事業** 159

1 受注額4倍、民間の競争原理働かず 160
コロナ研究の仕切り役は三菱総研／大手コンサルと広告代理店に依存／
人件費は「1人1時間で3万円超」も

2 目立つ「競合なし」、多重下請けも 166
国の契約全体の3割は「1者応札」／内閣官房の大手コンサル依存度は89％／
持続化給付金は「9次下請け」も

3 誰も知らない適正価格 171
調達は見よう見まねで／霞が関は「人手が不足」／

英国では専門家250人の独立組織

第5章 政府の辞書に「検証」なし 177

1 スポーツ貢献、実績を水増し 178
サッカーボール126個で難民12万人が恩恵／机上の計算で「実績」を大々的に公表／一般の買い物客が「イベント来場者」に／図書館建設もスポーツ貢献としてカウント／五輪招致と国際公約／実態なき「成果」が予算の呼び水に

2 国の政策、3割成果測れず 188
「キャッシュレス比率40％」の疑問／国のビジョンを個別事業で達成？／なぜか終了年度の成果目標がない／「最終目標なし」事業も続々と／政策目標、米国は1年ごとに設定

3 デジタルに逆行、間違いだらけの情報公開 196
政府支出データの評価、日本は中国と同等／「神エクセル」の悪弊／

通し番号なく、時系列分析に壁／基金シートの5割に記載ルール違反／最後は目視で確認する羽目に
4 脱炭素基金、採択根拠の開示後回し 203
2兆円の8割は決定済み／守られていなかった規定／取材後、唐突にホームページで公表
インタビュー 政策検証、どう根付かせる 208
「第三者機関による客観的評価を」▼明治大 西出順郎教授
番外編 国債利払い費は補正の「隠し財源」 211

第6章 国と地方、無責任の連鎖

215
1 コロナ交付金、「ばらまき」の原資に 216
「喜びの声だけは聞いている」／臨時交付金の使途は原則、問わず／自治体の3割が全住民に現金・商品券／費用対効果は薄く／ポイント還元も過熱
2 デジタル街づくり、実用化断念の必然 226

眠ったままのタブレット端末／10年前の実証実験、約7割は成果残らず／
ユーチューブチャンネルが成果？／県外の大手企業に依存、「草刈り場」に／
事業乱立、次は「デジタル田園都市国家構想」

3 過疎対策、かすんでいく原則 235

国境の離島が頼る「過疎債」／途絶えたスタンプラリー／
ソフト事業を強化するも、続く人口減少／
6割が短期的効果しか見込めないイベント計画

4 吹き出したコロナ病床の矛盾 243

数字の積み上げ優先、稼働は二の次／2年間で3兆円を交付／
「低稼働」404病院に3660億円／都道府県の懐痛まず／
病院経営、焼け太り／国の動きは鈍く

序章

コロナ予算は どこにいった？

説明求める声、ネットで飛び交う

「#消えた11兆円の説明求めます」

2022年4月下旬、SNS（交流サイト）のツイッター上でこんなハッシュタグを付けた投稿が大量に飛び交った。「何に使ったの?」「なぜ説明しないのか」――。怒りの矛先は日本政府に向けられていた。

きっかけは4月22日午後6時に日経電子版が配信した「コロナ予備費12兆円、使途9割追えず」という見出しの特報だった。政府が新型コロナウイルス対応のために用意した「コロナ予備費」と呼ばれる予算について、国会に使い道を報告した12兆円余りを日本経済新聞が調べたところ、最終的な使途を正確に特定できたのは6・5%にあたる8000億円強にとどまり、11兆円強は具体的にどう使われたかを追いきれない、という内容だった。

実際に11兆円が消えたわけではないが、国民の目では行き先の終着点が見えない。税金で賄われた巨額の国費がきちんと効果を検証できる状況になく、国会の審議を経ずにずさんに取り扱われている実態を明らかにしたことが大きな反響を呼び起こすことになった。

コロナ禍が3年目に入り、全人類がパンデミック（世界的大流行）に見舞われているさなかである。各国と同じように、積極的な財政出動で経済や暮らしを支えることに異議を唱える声は少ない。しかし、感染者増加の波が押し寄せるたびに全国各地の保健所は混乱し、コロナ患者の受け入れ病床は逼迫した。検査やワクチン調達・接種の対応は後手に回り、苦境に立った個人や企業への支援策も場当たり的な側面が否めなかった。

本当に新型コロナ対策は投じた国費に見合った効果を出したのだろうか。日本経済新聞がコロナ予備費の問題を報じたのは、多くの国民が疑念を強めていた時期と重なっていた。その思いは執筆した記者も同じだった。

きっかけは財務官僚のつぶやき

「どの経費が本当の意味で『コロナ予算』に該当するのかを特定できない。腑分《ふわ》けしたものがないんですよ」

春先のことだ。予算制度について取材するなかで、ある財務省の官僚が口にした言葉にがくぜんとした。その意味を尋ねると、こんな説明が返ってきた。

国民1人一律10万円の給付、観光需要喚起策の「Ｇｏ Ｔｏ トラベル」、検査費用やワクチン接種費用などで積み上げていったコロナ予算の中には、実は予算書上はコロナ禍前からの事業費と同じ項目に分類されているケースがある。こうした事業はどこまでがコロナ対策費で、どこからがコロナ禍前に実施していた事業の経費なのかが明確に区分できない。例えば空港などでの水際対策として検疫所の能力を強化した場合、その費用は人件費や庁舎費、検疫業務費などに分割して予算計上する。それぞれ通常の検疫業務と同じ「器」に入り、明確に分別できないことが多いのだという。

しかもコロナ対策として積極的に「予備費」を活用したことが実態を見えにくくした。

予算と言えば、一般になじみがあるのは毎年末に編成する翌年度の当初予算案や、年度途中で経済対策のために編成する補正予算案の総額だろう。政府は予算案を閣議で決定し、国会に提出する。国会は予算案を審議し、予算成立という形で政府に執行のお墨付きを与える。社会保障費や公共事業費など一般的な経費は、使い道の事前議決が義務になっている。

しかし、予備費は性質が異なる。自然災害や国政選挙の補選など予算編成時には予測できなかった事態に政府が柔軟に対応できるよう、使い道をあらかじめ定めずに毎年度の予算に金額だけを計上する費用だ。

実際に自然災害などが発生して予備費から緊急の支出が必要になった場合は、政府が閣議決定で使い道を決めることができる。いわば例外的な措置である。近年は一般予備費を当初

一般会計の予備費予算

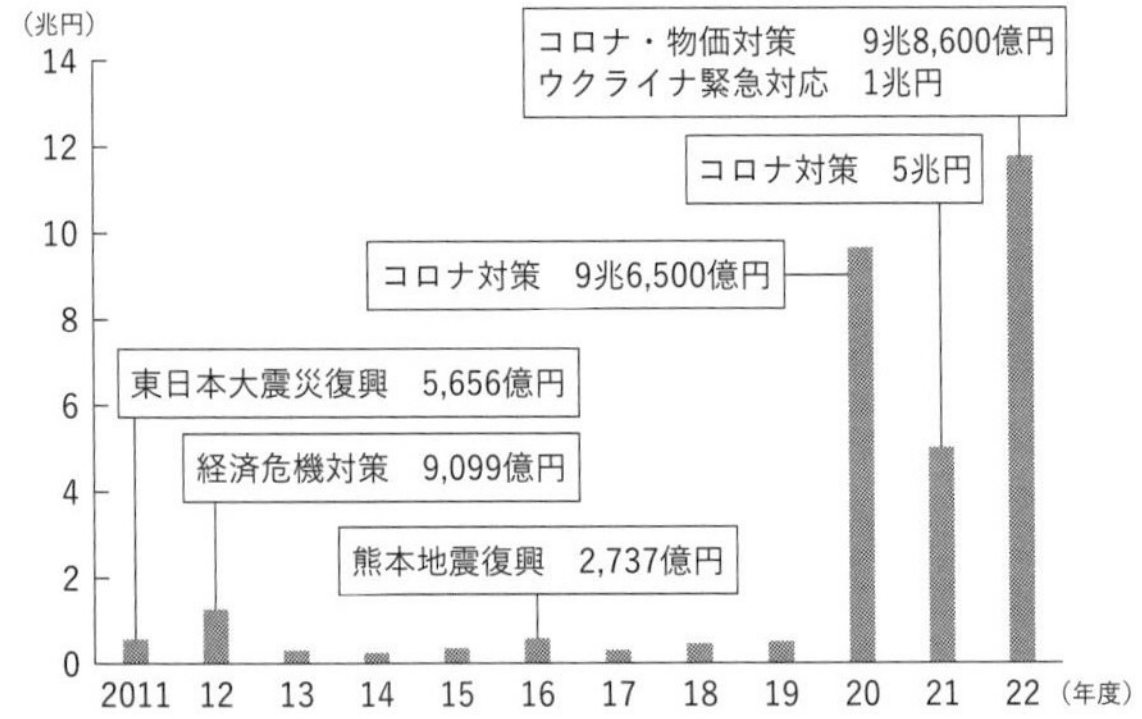

（注）国会提出予算書を集計。特記しているのは一般予備費以外の予備費

予算で５０００億円計上することが通例となっていた。

公共事業費よりも巨額のコロナ予備費

そんな予備費がコロナ対策の名目でどんどん膨らんでいった。

２０２０年度の第１次補正予算で「新型コロナウイルス感染症対策予備費」を別枠で創設し、１兆５０００億円を計上した。その後も積み増しを続け、２０２０年度は計９兆６５００億円に達した。２０２１年度は当初予算にコロナ予備費５兆円を計上した。

いずれの年度もコロナ予備費とは別に一般予備費５０００億円を用意している。同じように特定目的に使う別枠の予備費は、２００８年のリーマン危機後や２０１１年の東日本大震災後にも創設されたことはあったものの、規模は最も多いときで１兆円程度に過ぎなかった。道路や港湾など社会インフラの整備に充てる公共事業費は毎年度の当初予算で６兆円程度だ。コロナ予備費がいかに突出しているかが分かる。

これだけの巨額予算を組んだ経費が厳密に管理されていないのであれば問題ではないか。未曽有の感染症拡大という惨事に乗じて、不透明な使われ方が横行してはいないだろうか。財務官僚の取材を終えた記者は、コロナ予備費の流れを把握しようと試みた。

最初の手掛かりは「予備費使用総調書」と呼ばれる資料だった。財政法は閣議決定に基づいて予備費を支出した後に、どの事業に使ったかを国会に報告し、承諾を求めるよう政府に義務づけている。この規定に沿って政府が国会に提出する書類だ。毎年４月から翌年１月までに使った予備費については３月に、２～３月に使った分は５月に提出している。

取材当時は２０２０年度と２０２１年４月から２０２２年１月に使った分の使用総調書が入手可能だった。その時点で使った総額は12兆３０７７億円。おおまかに分類すると、医療・検疫体制確保向けの支出が４兆８３１億円と最多だった。

次に規模が大きかったのは、時短営業に協力した飲食店に対する協力金などの原資として国が地方に配る「地方創生臨時交付金」の3兆8792億円だ。このふたつだけで全体の6割超を占める。

地方創生臨時交付金を巡っては、自治体がコロナ問題にこじつけて公用車や遊具を購入したり、イカのモニュメントの設置に充てたりするなど、使い方が疑問視された事例が相次いでいた。こうしたケースの原資として予備費が使われていれば、国会の議決なく支出した判断が適切だったかを検証する材料にもなる。予備費の使用総調書と2020～21年度の予算書などを突き合わせた上で、各省庁にも聞き

医療・検疫の確保と地方向け交付金が3割

目的別の分類と主な項目	金額（兆円）	比率（%）
医療・検疫体制確保	4.08	33.2
• 医療提供体制の確保		
• ワクチン購入、接種促進		
• 病床確保の支援		
地方創生臨時交付金	3.87	31.5
個人向け給付金・貸し付け	2.08	16.9
• 緊急小口資金など特例貸付		
• 18歳以下への10万円給付		
中小・雇用対策	1.74	14.1
• 持続化給付金		
• 雇用調整助成金の特例措置		
Go To トラベル	0.31	2.5
その他	0.20	1.7
• 供給網対策や文化芸術支援		
合計	12.3	100

（注）2020年4月から2022年1月までの予備費使用総調書を分析。合計値は端数処理の関係で各項目の合算と一致せず

取りを重ねていった。

結果としては最終的な使い道をほとんど解明できなかった。最後まで確認できたのは3つの政策項目、計8013億円だけだった。

2020年度に支出した文部科学省の「学生支援緊急給付金給付事業費補助金」の531億円、厚生労働省の「新型コロナウイルス感染症ワクチングローバルアクセスファシリティ拠出金」の171億円、2021年度に支出した内閣府の「子育て世帯等臨時特別支援事業費」の7310億円の3つだ。

学生支援緊急給付金は、2020年5月に始めたコロナの影響で困窮する学生に最大20万円を支給する事業だ。厚労省への予備費割り当ては、途上国にコロナワクチンを供給する国際的枠組み「COVAX（コバックス）」に対する拠出金。内閣府の臨時特別支援事業は、2021年の経済対策に盛り込んだ18歳以下への1人10万円相当の給付を指す。

この3事業は、2020～21年度の予算書には政策項目としての記載がなかった。予備費の支出によって初めて政策項目が設けられたことになる。ほかの9割の支出は、もともとの政策項目の中に溶け込み、予備費から支出した経費を分別できない状態になっていた。

大きなたらいで混ぜられた「色水」

最終的な使い道がつかみにくいのは、予備費を割り振られた省庁が当初予算や補正予算などすでにあるお金と予備費を混ぜて管理するケースが多いからだ。予算という大きなたらいに当初や補正、予備費といったバケツから異なる色の水を注いだ場合、たらいの中ではきれいに色分けできないといった状態にある。

ここには予算の建て付けの問題が関わっている。予算書に記載する各政策の経費は、実は各省庁が実施する個別の事務、事業ごとに管理されていない。所管省庁別の大分類の下に政策を評価する際の大まかな「項」と呼ばれる分類に沿って整理される。例えば「防衛装備庁共通費」などがそれにあたる。さらにその下に「職員基本給」など「目」と呼ばれる細目がぶら下がる。

このため人件費なども含む個別の事務や事業経費を予算書から抽出するのは難しい。補正予算で経費を追加する場合でさえ、既存の項目に該当する経費はこの中に紛れ込み、資金の流れを追跡できない。予備費はそのハードルが一段と高い。各省庁は一部事業について「フルコスト情報」として事業別の経費を開示するケースがあるものの、予備費だけを抽出して

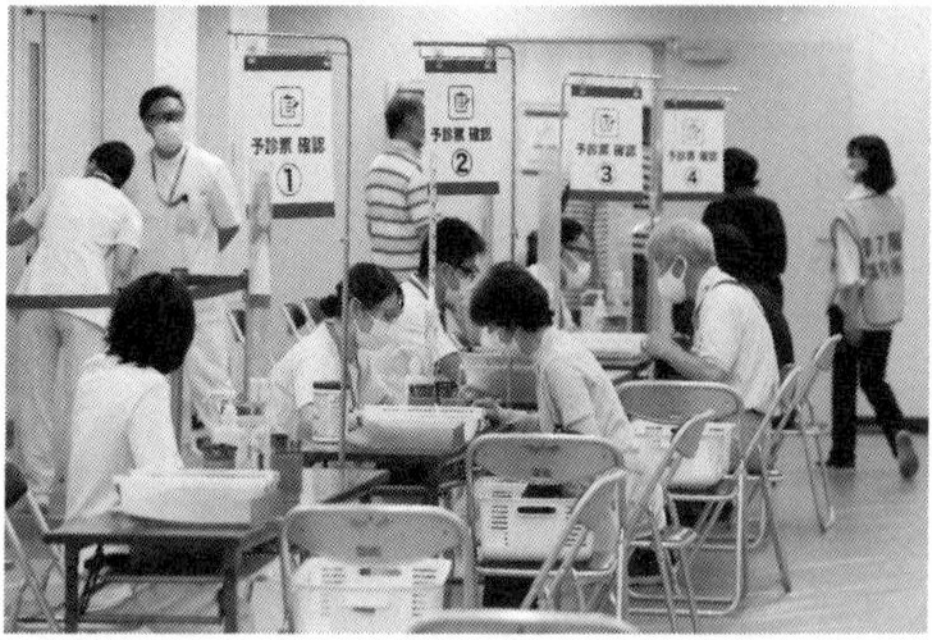
ワクチンの購入単価は公表されていない（日本経済新聞社提供）

開示されていないのが実態だ。

各省庁に聞き取りを繰り返しても、予備費からの割り当てが最終的にどう使われたかをほとんど把握できていなかった。

厚労省がワクチン接種の体制づくりへ自治体に配る補助金は、ほかの経費と分別管理しておらず、予備費がどの自治体に渡ったかまでは分からないという。あえて非公表としているものもある。厚労省はワクチン購入費の項目について「企業との秘密保持契約の関係で公表できない」としている。

予備費を割り当てても実際には使わないケースもあった。分析対象期間に予備費から３１１９億円を振り向けた「Ｇｏ　Ｔｏ　トラベル」は感染拡大で事業が途中でストップした。追加投入した予備費を上回る額が使われず、取材時点では約８３００億円が滞留していたとみられる。

チェック機能働かず

国の決算を検証する役割の会計検査院でさえ、コロナ関連をうたう巨額の予算がどう使われたかの全体図をつかめていない。

検査院は2021年、コロナ対策と銘打った数次の補正予算がそれぞれ最終的にどう使われたか広範囲に検証したが、すべての資金の流れを完全につかみきれず、各省庁に情報開示の徹底を促すにとどまった。

2022年11月公表の決算検査報告でも、新たなコロナ対策費の検証を報告したが、各省庁がコロナ対策事業として区分管理しているケースしか検査対象にできていない。参院の常任委員会としてチェック機能を果たすべき決算委員会も政府に改善を促す役割を十分果たせているとは言いがたい。

財政に詳しい一橋大の佐藤主光教授は「今の仕組みは予算全体というマクロとミクロの事業の効果がつながっておらず、事業ごとの効果が見えない。事業ごとの費用対効果だけでなく、コロナ予算の正確な規模すら検証できない」と指摘する。現状は歳出膨張への危機感が広がっても抑制する道具が欠けているとして「『お金に色はない』と言われるが、色を付けて見える化を進めるべき時期に来ているのではないか」と話す。

コロナ予備費は日本経済新聞の報道後も2022年度は二度の補正予算で増額し、計9兆8600億円に達し、2020年度の9兆6500億円を上回った。おまけに第2次補正予算では1兆円の「ウクライナ情勢経済緊急対応予備費」まで新設した。最終的な使い道を検証できない予算が歯止めなく膨らんでいく。

チェックが働かなければ、規律が緩むのは必然である。コロナ予備費はそのひとつの断面に過ぎず、国民の目から逃れるように「ブラックボックス」に押し込まれ、野放図に使われている国費はいたるところに存在するのだ。

日本財政に潜む病巣は確実に大きくなり、広がっている。次章から日本経済新聞が試みた「解剖」の結果を記していく。

第1章 予備費の誘惑、乱発される「緊急事態」

1　物価対策なら何でもあり

わずかひと晩で4兆円の予算増額

「ひと晩で大きく変わったというのは実態に合わないと思っている」

２０２２年11月25日の衆院予算委員会。岸田文雄首相は、立憲民主党の泉健太代表から２０２２年度第２次補正予算案の規模について追及され、こう述べた。経済対策の策定過程で与党からの圧力を受けて、急きょ増額したのではないか、という泉氏の問いに真っ向から反論したのだ。

しかし、この表向きの答弁とは違い、舞台裏では生々しいやりとりがあった。

経済対策を閣議決定する２日前の10月26日。鈴木俊一財務相は岸田首相と面会し、原案を説明した。経済対策のとりまとめ役は内閣府だが、対策の財政措置や補正予算は財務省が取り仕切る。日本経済新聞が入手したこの時点の原案には、第２次補正予算案で経済対策に充てる歳出規模は25兆１０００億円と記載されていた。

ここで事態は急変する。ほぼ同じ時間帯に、自民党本部で「政調全体会議」が開かれていた。与党内では以前から２０２１年度の経済対策を念頭に「30兆円が発射台」など規模を優先するかのような声が相次いでいた。財務省の原案はこれを大きく下回る規模だった。

自民党の萩生田光一政調会長は、党の了承前にもかかわらず、財務省が首相に説明したことを「禁じ手」と表現して反発。鈴木氏は同じ日の夜に再び首相を訪ね、増額に向けて調整せざるを得なくなった。

翌10月27日に出回った改定案の歳出規模は29兆１０００億円。破格となる４兆円の上積みだった。政府は28日にこの通りに閣議決定。臨時国会での審議を経て、12月２日に第２次補正予算が成立した（経済対策分と減額補正を反映した予算総額は28兆９２２２億円）。

2022年10月28日岸田首相は経済対策を発表
（日本経済新聞社提供）

突然加わった「第５の柱」

一晩で４兆円の増額は、控えめに言っても「かさ増し」である。底上げしたのは予備費だった。もう少し詳しく見てみよう。

2022年度の予備費は11兆円を超えた

当初	
一般予備費	5,000億円
新型コロナウイルス感染症対策予備費	5兆円
第1次補正	
一般予備費	4,000億円
新型コロナウイルス感染症及び原油価格・物価高騰対策予備費	1兆1,200億円
第2次補正	
新型コロナウイルス感染症及び原油価格・物価高騰対策予備費	3兆7,400億円
ウクライナ情勢経済緊急対応予備費	1兆円
合計	11兆7,600億円

原案では、①物価高対策・賃上げへの取り組み、②円安を活かした地域の「稼ぐ力」の回復・強化、③新しい資本主義の加速、④防災・減災、国土強《きょう》靭《じん》化の推進、外交・安全保障環境の変化への対応など国民の安全・安心の確保——の4つの柱で構成していた。

ところが決定文には「今後への備え」という5つ目の柱が加わっていた。その金額は4兆7000億円。既存の「新型コロナウイルス・物価高対策予備費」を3兆7400億円積み増した上で、1兆円の「ウクライナ情勢経済緊急対応予備費」を新設するという内容だった。ウクライナ予備費は原案に全く記載がなかった。

コロナ・物価高対策予備費は2022年度当初予算で5兆円を計上した。12月の時点では残額は1兆

3000億円だった。鈴木財務相は決定日の記者会見で「新型コロナの感染拡大や物価高騰に引き続き万全を期すべく、(年度当初と)ほぼ同額である5兆円程度を確保していくことが望ましいという考え方から3・7兆円程度を増額することとした」と説明した。

ウクライナ予備費については「世界的な景気後退懸念が高まるなか、ウクライナ情勢だけでなく、その他の国際情勢の変化とか、特にエネルギーに関わるが、仮に大きな寒波が来た場合とか、またそのほか災害などで発生し得る経済危機も考えられる。機動的・弾力的に対応する観点から創設した」と説明した。相当歯切れが悪い。もはや何でもありだ。

序章で説明したように、コロナ対策に特化した予備費を別枠で設けたのは2020年度だ。それが2022年度から物価高対策にも使えるようになり、第2次補正を経て9兆8600億円まで膨張した。

ウクライナ予備費は屋上屋を重ねるようなもので、ふたつ目の別枠を設ける理由も曖昧だ。結局、2022年度の予備費総額は11兆7600億円と、過去最大の計上額となる。

ある財務官僚は「(予算書の)予算総則に名目を書き込めば、何でもできてしまう」と苦々しげに語る。たったひと晩での4兆円増額は岸田政権における政府と与党のパワーバランスを象徴するだけでなく、予備費のあり方そのものが問われる出来事となった。

「予備費」とは本来どんなものか

ここで予備費とは何かを整理しておこう。

根拠となっているのは憲法87条である。「予見し難い予算の不足に充てるため、国会の議決に基いて予備費を設け、内閣の責任でこれを支出することができる」。さらに財政法24条では「予見し難い予算の不足に充てるため、内閣は、予備費として相当と認める金額を、歳入歳出予算に計上することができる」と規定している。

予算は見積もりに過ぎないため、年度途中に編成過程では予期できなかった財政支出が必要となるケースがある。予備費はこうした事態に備える予算だ。歳出予算として計上する経費のひとつだが、国会の議決時点では何に使うかを決めていない。

予備費を考える際には、予算の大原則を押さえておかなければならない。これも憲法の条文にある。3つあるので列挙する。

憲法83条　国の財政を処理する権限は、国会の議決に基いて、これを行使しなければならない。

憲法85条　国費を支出し、又は国が債務を負担するには、国会の議決に基くことを必要とする。
憲法86条　内閣は、毎会計年度の予算を作成し、国会に提出して、その審議を受け議決を経なければならない。

国会で目的と金額を明記した予算が成立しなければ、政府は執行できない。財源の税金は国民や企業から徴収する。歳出に対して歳入が足りない見通しとなり国債を発行する場合も、最終的には税収で返済する必要がある。

このため国費の支出には国民の意思を反映するよう、議会での承認を義務づけているのである。「財政民主主義」と言われるゆえんだ。

あくまで予備費は「予見しがたい予算の不足」に充てるための例外的な措置だと考えるべきだ。予備費が認められる予見しがたい事由は予算作成後に生じたものでなければならない。予算編成前に生じた事由であれば、きちんと項目を明記して予算に組み入れるべきだ。

さらに予算編成過程で予想できなかった事由が生じれば、どういった場合でも予備費を使えばいいというものではない。本来は臨時国会を召集して、補正予算で対処するのが妥当だ。

だから予備費は国会を召集するほどではない軽微な事態のときに有効だと考えられてきた。裏を返せば、重大な事態はきちんと国会で審議して、補正予算を組むべきである。予備費は抑制的に使うことが財政民主主義にかなうと言える。

ところが今では重大な事態が起きようが起きまいが、経済対策を名目に補正予算を組むことが恒例行事のようになった。その補正予算で巨額の予備費を積み上げるといったいびつな状況になっている。予備費の本来の姿からどんどんかけ離れているのだ。

「別枠」が本格化したのは第1次石油危機から

予備費の歴史を振り返ると、単年度で11兆円を超えることの異常さが浮き彫りになる。参院調査室の調査情報誌『経済のプリズム』が２００９年に掲載した「予備費制度の在り方に関する論点整理」によると、コロナ・物価高対策のような特定目的の予備費の端緒は、１９５３年度に当初予算と補正予算で計１４５億円を計上した「災害対策予備費」だという。その後は一般予備費と区別されなくなったため1年限りで姿を消した。

特定目的の予備費が本格化するのは、第1次石油危機後の１９７６年度。三木武夫政権が景気浮揚を狙って当初予算に１５００億円を計上した「公共事業等予備費」だ。この名目では福田赳夫政権以降の1978年度と1979年度の当初予算でも2000億円ずつを計上した。これらは建設国債発行対象の経費以外には充てることができないと定めた。1991年度の当初予算では公務員の給与改善に備えた「給与改善予備費」（1350億円）を計上した。

特定目的の予備費は小渕恵三政権で巨額化する。1999年度と2000年度に1979年度以来となる公共事業予備費の手法を用い、それぞれで5000億円を積んだ。整備新幹線の経費などに支出したため、予備費の要件に合致するのか議論を呼んだ。ばらまき批判を避けるために予備費に滑り込ませたとの指摘も受けた。

その後も2008年のリーマン危機後や、2011年の東日本大震災後、2016年の熊本地震後などに特定目的の予備費が設けられた。当初予算で見ると、コロナ禍以前はリーマン危機対応の1兆円が最大だった。

そしてコロナ禍で歯止めが効かなくなる。政府は行動制限を緩和し、経済活動も徐々にコロナ禍前の軌道に戻りつつあるのに、この名目の予備費を前例踏襲で続けることが適切なのか。正常軌道に戻すための議論の兆しすら見えない。

政府が新たに編み出した「奇策」とは

　ロシアによるウクライナ侵攻で加速した物価高は、予備費の規模だけでなく、使い方や予算計上の面でも変化をもたらした。

　端的に表れているのが2022年4月28日の閣議決定である。一般予備費とコロナ予備費を合わせて1兆5110億円を支出することを決めた。ガソリン価格抑制に向けて石油元売りに配る補助金事業の延長で2774億円、低所得の子育て世帯を対象とする子ども1人あたり5万円の給付で2043億円、コロナや物価高対策で国が地方に配る「地方創生臨時交付金」の増額で8000億円を使うといった内容だ。

　これらの施策は直前にまとめた6兆2000億円規模の物価高対策に盛り込んでいた。具体化のために予備費を財源としたわけだが、ここで政府は「奇策」を講じた。

　まず物価高対策のために当初予算で計上した予備費を取り崩す。それと同時並行で編成する第1次補正予算で取り崩した分の経費を予備費に戻したのである。支出した直後に予備費の規模を当初予算と同じ規模に回復させるスキームだった。予備費を「つなぎ財源」として使う極めて異例の手法だと言える。さらに予算総則でコロナ対策の名称を変更し、物価高対

2022年7月の参院選前に閣議決定した予備費の支出内容

コロナ予備費＝当初予算5兆円

地方における孤独・孤立対策官民連携基盤の構築	9億5,962万円
地域の実情に応じた生活困窮者等への支援	8,000億円
女性に寄り添った相談事業	1億7,596万円
大学生等への新型コロナワクチン接種促進	10億4,059万円
子育て世帯生活支援特別給付金	2,042億5,111万円
生活困窮者自立支援の機能強化	10億9,351万円
生活困窮者等支援民間団体活動助成	1億2,503万円
フードバンク活動強化緊急対策	1億2,300万円
中小企業等事業再構築促進事業	1000億1,410万円
住宅確保要配慮者に対する居住支援	2億3,936万円
観光事業者等への支援	89億8,423万円
合計	1兆1,170億655万円

一般予備費＝当初予算5,000億円

中小企業施設等復旧整備事業	37億6,794万円
輸入小麦等食品原材料価格高騰緊急対策	100億1,250万円
国産小麦供給体制整備緊急対策	24億7,464万円
化学肥料原料調達支援緊急対策	100億2,020万円
配合飼料価格高騰緊急対策	434億8,145万円
国産材転換支援緊急対策	40億2,380万円
水産加工業原材料調達円滑化緊急対策	50億1,022万円
サプライチェーン対策のための国内投資促進	49億9,246万円
燃料油価格激変緩和強化対策	2,774億3,455万円
こどもみらい住宅支援事業	300億円
タクシー事業者に対する液化石油ガス価格激変緩和対策	28億1,362万円
合計	3,940億3,140万円

（注）千円単位は切り捨てているので、各項目の合算と合計額は一致しない

策にも使えるようにした。

当時は夏の参院選を控えていた。与党としては物価高対策を迅速に実行し、有権者にアピールすることが必要だった。コロナ予備費は予算総則で使い道を限定しており、物価高対策には使いにくいため、予備費と補正予算の合わせ技がひねり出されたもようだ。

第1次補正予算で衣替えしたコロナ・物価高対策予備費は、使途を一気に拡大する。政府は7月に節電した家庭や企業にポイントを付与する事業と、農家が使う肥料の支援金の経費として計2571億円の支出を決定。9月にはガソリン補助金の2022年12月末までの延長経費や低所得世帯への5万円給付金の事業費、地方創生臨時交付金のさらなる積み増し、コロナ病床確保の交付金などの名目で3兆4846億円の支出を決めた。

ガソリン補助金は2021年度にスタートし、何度も延長を繰り返している。病床確保の交付金や地方創生臨時交付金も、予備費を活用するのはこれが初めてではない。こうしたケースが法律の定める「予見しがたい予算の不足」に合致するのかは疑わしい。

物価高対策の看板を掲げれば、どんな事業にでも予備費が割り当てられるようになった。政府内には予備費を計上しても「余れば国庫に戻る」などの声もある。経済対策の規模を膨らませる「見せ金」であり、実際は支出しなければ財政へのダメージは少ないという論法だ。

ただコロナ禍以降の2020～21年度を見ると、一般予備費も合わせて予算計上額の約9割を年度末までに支出した。いったん計上すれば国会の監視が及ばないまま、野放図な歳出が続いてしまう。

政府・与党のパワーバランスの調整弁や政権の国民へのアピールとして支出されたケースがないのか。検証を続けることが欠かせない。

2 緊急性見誤り、予備費使い残す

「コロナ予算を防衛費の財源に」の背景

「コロナ対策で大きく確保していた予算を活用することを考えていきたい」

2022年11月28日の衆院予算委員会。岸田文雄首相は2023年度予算編成で最大の焦点となる防衛費増額の財源について、コロナ予算の活用を視野に入れていると言明した。

このとき防衛費の財源を巡っては、厚生労働省が所管する独立行政法人の国立病院機構

（ＮＨＯ）と地域医療機能推進機構（ＪＣＨＯ）にある約１５００億円の積立金を活用する案が浮上していた。２０２１年度末時点でＮＨＯには８１９億円、ＪＣＨＯには６７５億円の積立金がたまっていた。コロナ禍前の２０１９年度にＮＨＯは１３６億円の繰越欠損金を抱え、ＪＣＨＯの積立金は32億円に過ぎなかった。これほど劇的に積立金が増えたのは、コロナ患者受け入れのために空けておく病床に対し、国が１床あたり１日最大43万円超の病床確保料を潤沢に注ぎ込んだからだ。

財務省は「経営が安定して余っているのであれば期中でも返納すべきだ」と厚労省側に迫っていた。独立行政法人の根拠法は、５カ年目標の最終年度で残った積立金は次の期間に必要な額を除き国庫に納めることを定めている。期中の返納を求めるのは異例だった。

政府の「国力としての防衛力を総合的に考える有識者会議」は２０２２年11月22日に首相に提出した報告書で、この積立金を早期返納させるよう求めていた。財政制度等審議会（財務相の諮問機関）も11月末にまとめた建議に同様の提言を盛り込んだ。

こうした要請に対し、厚労省は防衛費の財源は、他分野の経費に切り込む前に増税など国民負担の大枠を決めるのが筋だとして難色を示した。病床確保の補助金はコロナ患者を受け入れた病床には支払われない。積立金の膨張はコロナ病床を十分に使わないまま国からの支援を受け続けていることを意味する。厚労省は返納すれば資金のだぶつきを認めることになるとの懸念を抱いていたようだ。

実はこの病床確保料の財源となっている「新型コロナウイルス感染症緊急包括支援交付金」はコロナ対策予備費を活用している。その額は２０２０年度に９１６８億円、２０２１年度は８１８億円。首相が防衛費の財源にコロナ予算の活用検討を表明したことは、裏を返せばこうした予算が使われずに滞留していることを意味している。

予備費投入額を上回る使い残し

以前から取材班はその傾向が表れていることを察知していた。

緊急包括支援交付金は予備費からの支出分を含めて、２０２０年度に計４兆６０４０億円が予算計上されたが、このうち３３４億円は最終的に使い残され、決算剰余金の一部として国庫に返納された。不測の事態に緊急的に対処するための予備費を充てたにもかかわらず、もともと用意していた予算を含めて使い残しが発生していれば緊急性を見誤っている可能性がある。緊急包括支援交付金のほかにも、同様の事例があるのではないか。こんな問題意識から２０１９~20年度の一般予備費とコロナ対策予備費の使われ方を洗い出す作業を進め

予備費を投入し使い残しが生じた主な項目

	項目	予備費（億円）	使い残し（億円）
2019年度	選挙候補者用無料はがき購入費	0.13	4.4
	国産農産物関連の自治体向け補助金	0.94	9
	政府の啓発広報費	2.3	5.2
20年度	中小企業の経営支援向け補助金	114	415
	災害廃棄物処理事業の補助金	27	203
	コロナの医療提供体制確保の補助金	5,483	83
総額		3兆7,121	6,066

た。

分析には主に国の決算を使い、予算書や閣議決定資料などと照合して、予備費の流れをつかんだ。使い残しが生じた理由などについて、関係省庁に個別に聞き取った。すると予備費を充てたのにお金が余った事例が相次ぎ見つかり、政府が政策の緊急度や必要性を見誤った実態が浮き彫りになった。

予備費を充てた施策は222項目あった。その8割の183項目で使い残しが生じた。この183項目に投じた予備費は計3兆7121億円で、2年間の予備費合計の約3分の1を占めていた。

最終的にもともとの予算すら使い切れなかったのに、予備費を投じていた施策は77項目あった。この77項目に投じた予備費は計1282億円。ニーズを精査しないまま無駄に予備費を回した形になる。例えばコロナ対応に絡む生活困窮者の医療費扶助には予備費から58億円を割り当てたが、この政策では700億円以上の使い残しが出た。

厚労省は「自治体からの申請が予想より少なかった」と説明するが、700億円以上も余る政策に予備費は必要なかったはずだ。コロナ対策以外でも農林水産省の国産農産物に絡む自治体向け補助金は、2019年度に予備費9400万円を充てたが、決算での使い残しは約10倍となる9億円に達した。

剰余金が補正予算の財源に化ける

巨額の予備費を積んでおけば、危機に際して迅速に対応しやすくなるのは確かだ。政策が効率的に進み、見込みより支出が少なくて済めば歓迎すべき面もある。

ただしひとつひとつの政策の支出抑制が財政のスリム化に直結するとは言い切れない事情がある。

政府は4月から翌年3月までの国の会計年度の歳入（収入）と歳出（支出）の金額を決算として毎年まとめ、結果として必要がなかったと判断したものを「不用」と呼んでいる。歳入から歳出を差し引いたものを「決算剰余金」というが、不用が発生すれば歳出が減ること

予備費を割り当てた金額の6%が使われず

	計上額（兆円）	割り当て額（兆円）	不用額（兆円）	不用額の比率（%）
2019年度	0.5	0.4668	0.2503	53.6
2020年度	10.15	9.4259	0.3562	3.7
合計	10.65	9.8927	0.6066	6.1

（注）政府の国会提出資料などから分析。計上額は補正を経た最終的な金額。不用率は割り当て額比

になるので、その分剰余金が増える要因となる。税収が見込みより伸びる場合も剰余金は増える。

この剰余金の取り扱いは財政法6条で「当該剰余金のうち、2分の1を下らない金額は、他の法律によるものの外、これを剰余金を生じた年度の翌々年度までに、公債又は借入金の償還財源に充てなければならない」と定めている。剰余金の少なくとも半分は国債の元本返済、つまり償還の財源としなければならない。

残り半分は翌年度の年度途中で編成する補正予算の財源に充てられるケースが多い。財務省は前年度決算を7月にまとめるため、秋、冬ごろに編成する補正予算で剰余金をあてにできるというわけだ。2022年度第2次補正予算では2021年度の剰余金1兆4000億円のうち、2分の1を国債償還に充て、残りを歳入として組み込んだ。

特例法を作れば剰余金の全額を補正予算に充てることもできる。直近では2019年度の剰余金をすべて2020年度第3次

補正予算の財源にした。

つまり剰余金の少なくとも半分はほかの政策に流用される。加えて、補正予算の編成では国債を新規発行することが多いので、国の借金は膨張を続ける。必要性を見極めないまま予備費を追加経費として投入すると、むしろ財政の悪化につながりかねないのである。

参院が会計検査院に解明要請

予備費の規律が崩れている側面はほかにもある。国会開会中は予備費を使わないという原則からの逸脱だ。

この原則を示しているのは予備費の対象経費や使用ルールについて、政府が閣議決定した「予備費の使用等について」という文書である。何回かの改正を重ね、2007年4月の改正が最新版となっている。

国会の開会中に不測の事態が発生すれば、本来は補正予算の編成が望ましい。そのためこの文書では、開会中は「①事業量の増加等に伴う経常の経費②法令又は国庫債務負担行為により支出義務が発生した経費③災害に基因して必要を生じた諸経費その他予備費の使用によらなければ時間的に対処し難いと認められる緊急な経費④その他比較的軽微と認められる経費（原文ママ）」以外では予備費を使用しないことを明記している。

しかし、政府は通常国会の開会中である２０２２年4月、物価高対策の一環として、ガソリン補助金の延長経費や低所得の子育て世帯向け給付金などに対する予備費の支出を決定した。この支出が閣議決定と合致しないのではないかとの批判が相次いだ。

そこで参院決算委員会は２０２２年6月13日、国会法１０５条の規定に基づいて、会計検査院に対し、予備費使用状況について検査を要請することを決めた。対象は内閣官房、内閣府、財務省、文部科学省、厚生労働省、農林水産省、経済産業省、国土交通省。コロナ禍で予備費を割り当てた政策項目の執行状況や割り当て理由、算定根拠などを調べてほしいという要請だ。その翌日、会計検査院は実施決定を参院に通知した。

検査院によると、国会要請に基づく検査で予備費に焦点を絞ったものは初めて。国会議決に基づく検査は、報告までに1年程度かかるケースが多い。２０２３年の初夏を迎えるころには、実態が明らかになると見込まれている。

3 守られぬ国会承諾ルール

「適時開示」はコロナ関連のみ

さすがに国民への周知が必要と考えたのだろうか。財務省は新型コロナウイルス・物価高対策予備費を支出した大まかな事業項目について、閣議決定日と支出金額の一覧をホームページで公表している。

この取り組みはコロナ予備費を創設した2020年春の段階では実施されていなかったが、同年度第2次補正予算で10兆円増額したのを機に始まった。予備費が巨額になるのを受け、事前に使い道を示すよう野党が求めたことに応じた形だった。

しかし、この取り決めはコロナ予備費に限っており、一般予備費は対象外だ。政府は国会閉会中に予備費の使用決定を重ねてきた。閉会中は財務省が衆参両院の予算委員会理事懇談会で内容を説明するが、理事懇は非公開で議事録も公表されない。

岸田文雄政権になっても予備費を縮小する気配は見えない。野党が国会の審議なしに巨額の予備費を自由に使っていることを問題視しても、岸田首相はこう反論する。

「予備費の支出については、憲法、財政法の規定に従って、事後に国会の承認を得る必要があるということになっている。国会のコントロールがきかないということには当たらない。財政民主主義に反するものではない」（2022年11月25日の衆院予算委員会の首相答弁）

その通り、財政法36条3項で「内閣は、予備費を以て支弁した総調書及び各省各庁の調書を次の常会において国会に提出して、その承諾を求めなければならない」と定めている。政府の裁量で使った予備費を国会が事後検証し、お墨付きを与える手続きと言える。

問題はこの規定が適切に機能しているかどうかである。財政法には国会側の責務や議決までの期間を細かく定めていないから、運用の規律が緩むリスクと隣り合わせだ。

提出から議決は平均484日

国会承諾ルールはどれほど守られているのだろうか。取材班が過去の実績を検証してみたところ、極めてずさんな運用がなされている実態が判明した。

検証結果を見る前に手続きを押さえておこう。財務省は財政法の規定に基づいて、国会に支出内訳や支出理由を記載した「予備費使用総調書」を提出する。「常会」とは毎年1月に召集される通常国会のことだ。予算年度が終わる前に始まるため、政府は毎年4月から翌年

1月までに使用した予備費の調書を3月に、2～3月分は5月に国会に提出している。この慣行は1997年度予算の予備費から定着した。

分析にあたっては衆参両院の公表資料をベースとし、国会への調書提出時期と、提出から議決までの期間を調べた。国会側への取材も重ねた。

1997年度以降の予備費は議決まで平均484日

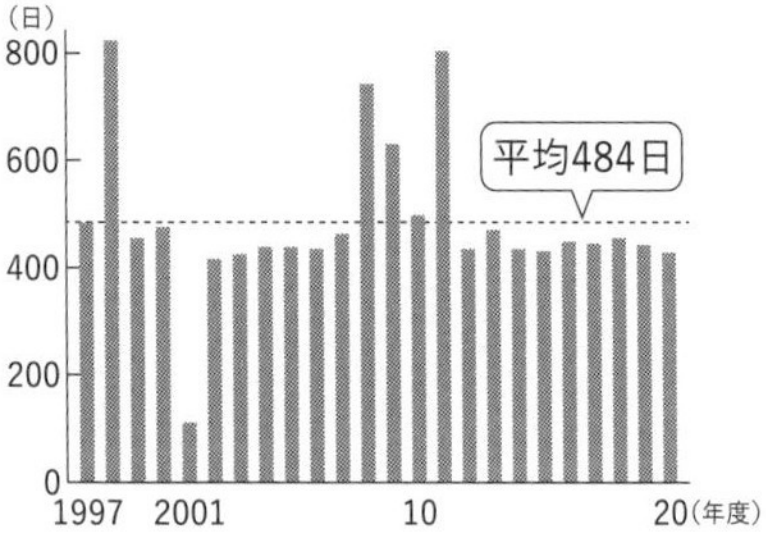

(注) 4月～翌年1月分を提出してから承諾・不承諾を得るまでの日数。国会の公表資料を基に集計

まず、調書を提出した通常国会で実際に承諾を得たのは1997年度以降では2001年度だけだったことが分かった。多くは国会に提出してから1年ほど経過することが多く、2年以上もたってからようやく議決されたケースもあった。4月から翌年1月分の調書を提出してから議決までの日数は平均で484日だった。

「不承諾」となったケースもあった。2000年度以降では、2006年度と2007年度の予備費の一部が参院で「不承諾」となっていた。国会で承諾されなくても、遡って支出を取り消されるわけではないが、政府の判断が不適切だったことになる。

1997年度以前まで遡ってみると、1992年度予備費の4月～1993年1月分が1993年の通常国会で5月に承諾されていた。その後は財政法の精神を逸脱し、承諾に1年以上かける傾向が強まっている。2022年6月に閉幕した通常国会でも、2021年度の予備費は議決されず、20年続けてルールが守られないことになった。

毎年度の予算案は前年の夏から年末にかけて編成する。国会で速やかに点検すれば、出費の効果や妥当さを検証し、次の予算づくりにも生かせる。現状は検証し改善するプロセスが滞ってしまっており、財政のPDCA（計画・実行・評価・改善）サイクルが回らない一因になっている。

財政法の精神軽視

政府はかつて、今よりも調書の国会提出までに時間をかけていた。

1991年度予算の予備費以降は、4月から翌年1月分の調書を年度末の翌年3月下旬に提出し、2～3月分は1年ほど後の翌年度の1月下旬になってから提出していた。1997年度の予備費からは、2～3月分の提出時期が同じ年の5月に前倒しされた。

1997年5月1日の参院決算委員会の議事録には、こんなやりとりが残っている。

議員「予備費の性格というのは、臨時国会を開いて補正予算の審議をしているいとまがないときに政府の責任で予備費から支出をいたしまして、そして次期国会で承諾を得ようとするものでございますから、できるだけ早い時期の国会で承諾を得ようと考えるのが私は筋ではないかなと思います」

政府側「2月、3月分についての5月末提出でございますが、これはこれまでも国会でご議論がございまして我々としましても努力してまいったところでございまして、現在事務的には可能であると考えております」

予備費は国会を開けない場合のあくまで臨時的な支出であるから、国会側のコントロールをきかせるためには、早期の提出を促すのが適切だとの考えがにじみ出ている。

この20年間、提出した通常国会で調書を議決したケースがないのは、過去の国会での議論の積み重ねや財政法の精神を軽んじる行動を長年続けてきたからだとも言える。

当時に衆院決算行政監視委員会の委員長だった原口一博氏（立憲民主党議員）によると、

同委員会には定例日がなく、財務相と関係閣僚の出席が開催の条件とされているため、議決までに時間を要するという。「理事は努力しているが、法案や補正予算案の審議が優先されるなど、日程的に運営が厳しい面がある」と話す。

予備費は補正予算を編成する余裕がないほどの緊急時に、機動的に財政支出を講じられるメリットがあるのも確かだ。政府の「便利な財布」にならないようにするには、適切なチェックがなされる仕組みや透明性の確保が欠かせない。国会にも課された重い宿題だ。

インタビュー

巨額の予備費、透明化への道筋

新型コロナウイルス禍やロシアによるウクライナ侵攻を受けた物価高の局面では、予備費を使った柔軟な財政支出が経済の底割れや国民生活のピンチを救った面もある。しかし使い方を誤れば、十分な監視が行き届かず野放図な歳出につながる危うさをはらむ。予備費をうまくコントロールし、運用の透明性を高めるにはどうすればいいか。憲法や財政法の専門家に聞いた。

「財務相の判断根拠の開示を」

▼大阪大　片桐直人准教授

予備費の例外的な性格を特徴付けているのは予算編成プロセスで使途が明確にされない点にある。普通の予算は各省庁の各部局が概算要求を提出し、財務省が査定してとりまとめる。どの省庁・部局がどんな目的でいくら使うのか。それぞれの予算の妥当性を誰に聞けばチェックできるのかが分かる。

予備費にはこのプロセスがないため、憲法87条に基づいて事後承諾の仕組みが作られている。事後承諾は決算ではなく予算制度の一部と考えられる。予備費の調書が決算と同じように承諾されずに放置されるのはおかしい。

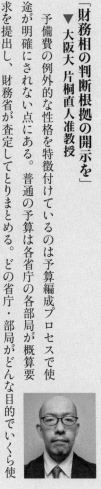

支出の主体や目的を決めていないから、財務相が予算書に沿って金額を割り振る「配賦」ができない。このため財務相が自らの判断で配賦する。事後承諾は、この行為を監視できるようにするものである。したがって、少なくとも予算と同程度の資料が公開され、十分な審議が尽くされるべきである。

１９８０～90年代に、政府主導の傾向が強まっていた予算編成を、議会がコントロールできるよう制度を作り直す潮流が世界的に生まれた。フランスは各省庁の部局ごとではなく、まず政策を主軸にお金を付ける方法に改革した。誰がやるかよりも何をやるかを先に決めるやり方だ。議会の監視対象も予算の大方針なのか、個別費目なのかといった方向性が模索された。

日本はその辺りがうまくいかなかった。橋本行革や小泉政権によって、1990年代以降に首相官邸の機能強化が図られた。予算の編成過程は各省庁の要求の積み上げから、官邸主導で編成方針を立てる手法に変化した。

予算制度は各省の要求を基礎としているのに、内閣主導で方針が決まると、どの省庁がやるかよりも、何をやるかを先に決めなければならない。国会側がそれにうまく対応できる仕組みが構築されておらず、予算制度自体が国会の権限を空洞化しがちになった。

予備費の使用が妥当だったかを考える際は、そもそも予見しがたいものに充てる行為だったか、措置された金額が適切に使われたのかの2つの論点がある。予備費の使用決定と配賦後の執行の妥当性は分けて考えられるだろう。

財政法35条は各省庁が予備費の支出を求める際に、金額や積算の根拠を示した調書を財務相に送るよう義務づけている。これが公開されれば、財務相が予備費の必要性をどう判断したかが明らかになる。

執行の妥当性については、日本では会計検査院が担うが、財務省と財務相がもうひとつの重要なアクターだ。財務省は（各省庁が配賦された歳出予算に基づく支出について作る）支払計画も承認する。これらをチェックできれば、なぜその金額を支払わなければならないのかを解明できる可能性がある。財務相は国会が検証できる材料を充実させるべきだ。

「国会の審議予定、明確化が必要」

▼東京大　藤谷武史教授

予備費の事後承諾は決算ではなく、予算に準じる性質であることからすると、承諾も否決もされずに放置されている状況が長期間放置されていれば、憲法や財政法に違反すると評価し得る。単に国会に使用調書を提出すれば足りるのではなく、議決を得るところまでが求められているからだ。

ただ現行法はどの程度が許容されざる「長期間の放置」と言えるかを線引きできるほど明確ではないため、違法とまでは言えないだろう。

もっとも予算議決に準ずる性質のものであることや、特にコロナ対策予備費は国民の関心が高い案件であることを考慮すると、国会は速やかに実質的な審議をすることが望ましい。

提出から数カ月間も委員会を開かない場合、合理的な理由を説明する必要がある。内閣による前年度の予備費の使用判断を精査しないうちに、次年度の予備費の使用権限を与えることは、説明責任の観点ではおかしな事態だが、財政法24条は予備費を毎年度予算に計上するものとしているので許容されてしまう。

理屈の上では「国会が一定額までの予備費の責任支出を内閣に認め、内閣が支出するごとに使用可能残額が減少し、国会が承認した分だけ授権額が回復する」といったような「予備費基金」も考えられるが、日本の財政法はそのような仕組みを採用していない。

憲法における予備費の位置づけと、財政法での予備費手続きの制度化との間にはギャップがある。予備費の必要性は否定しがたいものの、財政法はそのギャップを補うに足りる手続きを定めておらず、憲法と十分に整合的とは言いがたい。

改善策として、①予備費の事後承諾スケジュールの明確化、②不承諾の場合の一定の制裁措置の制定、③予備費使用総調書をまとめて承諾・不承諾とするのではなく、個々の予備費使用について議決する制度への変更、④予算と同程度の詳細な情報を開示すること——などが検討されるべきだ。

少なくとも情報開示は法改正を伴わずに実施できる。なお、③は、予算よりもむしろ緻密な統制を要求することになるが、予算の議決が、財源総額の中で他の支出との比較・取捨選択に対する国会の承諾の要素を当然に含んでいる（ゆえに全体を一括して議決するしくみとなっている）のに対して、内閣限りでの予備費使用にはその要素を欠く分、「なぜその（個別の）支出が必要なのか」について、国会が審議・承諾する機会が必要と考えられるからである。

コロナ禍の予備費の事後承諾を巡っては、ワクチンの購入価格の公表の可否など有権者の耳目をひき付けやすい論点に大半の時間が費やされた。個々の予備費使用の目的や金額の妥当性について精査するものではなかったという印象を受ける。

野党は政府・与党を批判することで自らの支持層にアピールするが「追及できる点は何か」に注力しすぎで、財政プロセスの質を高める有用な情報産出に役立っているとは言いがたい。国会審議で「政府がその事業の実施で何を目指しているのか」「何を達成したら成功したと評価するのか」などポイントを押さえた質疑で、必要な情報を国民に開示させることはできるはずだ。予備費は「使用決定時点で具体的に何を目的としていたのか」「それは達成されたと評価するのか」を問い、可能な限り明確な答えを引き出すというプロセスを作動させることはできる。

第2章 基金という名の「ブラックボックス」

1 乱立200基金、巨額の塩漬け

消えた「まちづくり」

2021年度末。国が推進していたある事業がひっそりと店じまいをした。「まち再生基金（地域自立・活性化支援事業）」と呼ぶ国土交通省の事業だ。港湾地区で拠点施設を整備する民間事業者に資金支援する目的で、2007年度に始まった。投じた国費の総額は7億3000万円だ。

しかし、実績は散々だった。支援したのは15年間でたったの1件。2013年度に広島県尾道市でサイクリスト向け商業施設の開発を計画していた事業者に6300万円を出資しただけで「開店休業」が続いていた。一度、1億5200万円を国庫に返納したことはあるが、使うあてもないまま5億円以上の国費が塩漬けとなり、年間100万～500万円の管理費分だけが無駄に消えていった。

港湾地区の多くは土地の用途が定められているため、再開発を進めるハードルは高い。支援を受けるには都道府県に計画をまとめてもらい、議会や国交相の承認を得る必要があり、手続きで3年かかる可能性もある。主要な港湾がある5つの自治体の担当者に聞くと、2人は港湾地区の長期利用計画が固まっているため、新たな開発案件を提起するのは難しいという。残りの3人はそもそも国交省の支援制度を知らなかった。

つまり資金需要がほとんどなかったのである。なぜ、このような事業が15年間も生き永らえたのだろうか。

理由は単純だ。基金の設置先と国交省が実態とかけ離れた支出計画を毎年度作り、その分の資金を手元に置いておく必要があるとの理屈を立てていたのだ。毎年度の計画には事業費として9000万～5億円の金額が書き込まれていた。

支出計画の根拠は何だったのか。担当の国交省産業港湾課によると「年3～4件寄せられる相談が支出を見積もる根拠だ」と説明する。今では知るすべもないが、結果は「15年間で1件」である。空手形のような支出計画は事業を存続させること自体が目的だったと言われても仕方がない。

日本経済新聞がこの実態を報じたのは2021年9月のことだった。その2カ月後、政府の行政改革推進会議の主催で各府省庁の事業の効果や予算の無駄を点検する「秋の行政事業レビュー」の場で、外部有識者がこの基金事業をやり玉にあげた。「仕組みとして終わっている」「要件が厳しすぎる」と批判の声が次々とあがり、国交省の担当者は「1件だが現在も支援先の候補はある」などと弁明に追われた。レビューの結論は「廃止を検討すべき」。これで事業継続の道は断たれ、終了と同時に国庫に残金5億5700万円を返した。

首相の「鶴の一声」で2兆円に倍増

この事例は氷山の一角に過ぎない。実に様々な府省庁、テーマにわたって国費が基金事業という方式でプールされ、長期間、監視の目から逃れながら存続している。しかも次から次へと新しい基金が生まれ、国費が注がれている。その規模はまちづくりの基金とは比較にならないほど巨額だ。

「過去に例のない2兆円の基金を創設し、野心的なイノベーションに挑戦する企業を今後10年間、継続して支援する」

2020年12月4日、菅義偉首相（当時）は脱炭素技術の研究・開発を支援する「グリーンイノベーション基金」を創設すると表明した。いわゆる「脱炭素基金」だ。

洋上風力や自動車・蓄電池など重点分野の各プロジェクトに対し、補助金や委託費を最長10年間交付する。当初、予算額は1兆円で調整が進んだが、2050年までに温暖化ガス排

2020年度補正予算で作られた主な基金

基金名	事業内容	所管官庁	基金額
グリーンイノベーション基金	脱炭素技術の開発支援	経済産業省	2兆円
国内投資促進基金	国内の生産拠点整備を支援し、サプライチェーンの分断リスクを低減	経済産業省	5168億円
事業再構築促進基金	新型コロナの影響を受けた中小企業の事業再構築支援	中小企業庁	1兆1485億円
ワクチン生産体制等緊急整備基金	新型コロナのワクチン生産体制を整備	厚生労働省	1兆4966億円
革新的情報通信技術研究開発推進基金	次世代通信技術の研究支援	総務省	300億円
デジタル基盤改革支援基金	自治体のデジタル化を推進	総務省	1787億円

（注）基金額は予備費を含む

出量を「実質ゼロ」にする国際公約を掲げた菅首相の強い意向で2兆円に増額されたという。「鶴の一声」で兆円単位の予算が倍増する異例の展開だった。

新型コロナウイルスの感染拡大や経済安全保障を強化する動きも巨額基金の造成につながった。参院事務局が予算書を基に作成した資料によると、2020年度はコロナ禍の影響を受けた中小企業の新分野進出や業態転換を促す「事業再構築補助金」や、半導体など国民生活への影響が大きい製品の国内生産拠点整備を支援する「国内投資促進事業費補助金」などの基金事業に巨費を投じた。

２０２０年度に基金の新設・増額のために計上した予算は総額８兆３７５２億円（予備費除く）に達した。実に２０１９年度の８・５倍だ。

なぜこれほどの巨費の受け皿が次々と誕生するのか。首相の座が岸田文雄氏に移ってからも、積極的に基金を活用する姿勢は変わらない。

その背景と実態を探るためには基金の仕組みや変遷を押さえておく必要がある。

基金への国費投入額
（参院事務局の資料を基に作成）

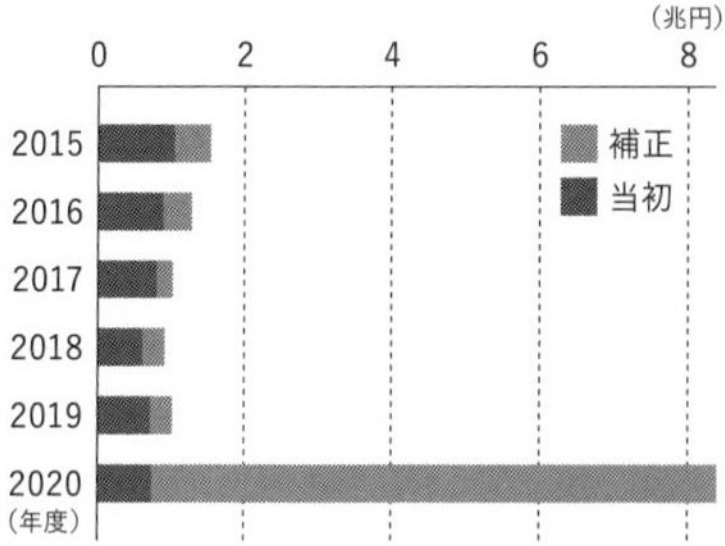

予算「単年度主義」の例外

最大の特徴は複数年度にわたって自由に使えることだ。基金を新設したり、増額したりするときは国会の議決が必要になるが、いったん予算措置された後は国会のチェックが働かない。

憲法86条が「内閣は、毎会計年度の予算を作成し、国会に提出して、その審議を受け議決を経なければならない」と定めている通り、国の予算は単年度主義を原則とする。基金はその例外的な存在と言える。看板政策で基金を活用する際には「機動的に財政出動できる」という説明が常套句になる。

どういった趣旨の資金を積み立て、どこが担い手になるのか。政府の財政制度等審議会財政制度分科会の資料によると、「独立行政法人、公益法人等や地方公共団体が、国から交付された補助金等を原資として、特定の用途に充てるため、他の財産と区分して保有する金銭」だ。政策目的に使う資金をここに示された外部団体が受け取り、代わりに資金を分配する。いったん外部団体に資金を移すと、国は予算を執行したことになるが、国民や企業に行き渡るまでは基金にとどまっている。

基金の仕組み

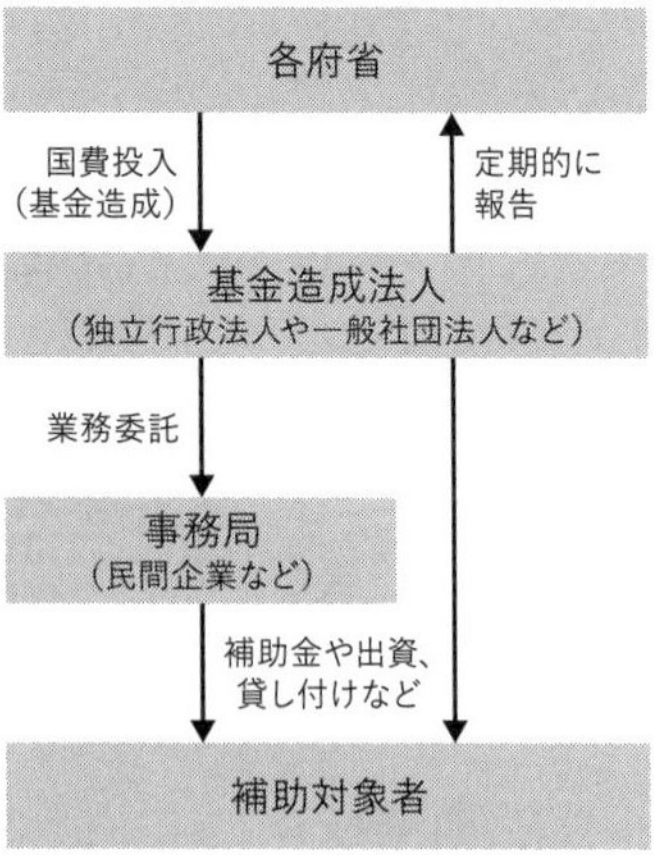

事業形態は4つある。①補助金などを必要に応じて支出する「取り崩し型」、②出資金や貸付金として使い、最後は回収する「回転型」、③保有資金を裏付けに債務保証などを

手がける「保有型」、④資金運用が中心の「運用型」――に大別される。

歴史は長い。明治政府が凶作に備えて困窮者対策に充てる資金を定期的に積み立てたのが始まりとされる。この原型が時代とともに進化・分化していったわけだが、予算単年度主義の例外と位置づけられていたため、その活用は抑制的だった。

基金が国会で初めて大きく取り上げられたのは1980年代後半のバブル期だ。税収の上振れを背景にした補正予算で、芸術・スポーツや農漁村の振興など様々な名目で基金が乱立し、ばらまきと批判された。年度内に使い切れない国費を基金にため込んだとの指摘だ。ただ、好景気の間、議論は盛り上がらなかった。

長い景気低迷期に入ってから行財政改革が喫緊の課題となったものの、国費の無駄遣いの温床としてやり玉にあがったのは固有財源で不要な事業が横行したり、多額の剰余金で財政資金の効率が悪化したりしていた特別会計だった。

このときは矛先が基金に向かうことはなく、政府は2006年に基金の必要額を定期的に見直し、必要がない資金を速やかに国庫に返還するといった指針を定めたが、大胆な統廃合には踏み込まなかった。結果的にかつての特別会計に似た役割を演じることになる。

そしてリーマン危機で再び基金は乱立。民主党政権になっても歯止めを欠き、東日本大震災の復興予算が各省庁を基金新設に走らせた。監視の目をかいくぐるため、既存基金に新事業をぶら下げる「裏技」も横行した。この時点で、基金を例外的に取り扱う財政規律はタガが外れたと言える。

「基金シート」を徹底分析すると……

脱炭素やコロナ関連の基金が相次ぎ創設されるのを見て、素朴な疑問がわいてきた。「いったい基金はいくつあるのだろうか」――。

当時は国費の無駄遣いをテーマにした調査報道ができないかと模索していた時期だった。2021年4月に取材班を立ち上げ、とりあえず基金の全体像を知ることから始めた。

着目したのは各府省庁が2013年度からホームページ上で公表している「基金シート」だった（アドレスは https://www.gyoukaku.go.jp/review/kikin/index.html）。基金ごとの事業概要や成果、国費投入額、収支、残高、主な支出先などが記載されており、おおまかな資金の流れが分かる。税金の無駄遣いをチェックするために国が毎年公表する「行政事業レビューシート」の基金版だ。これを丹念に調べれば運用実態を明らかにできると考えた。

いざ読み込みを始めると、実に多種多様な基金が存在することが見えてきた。2020年

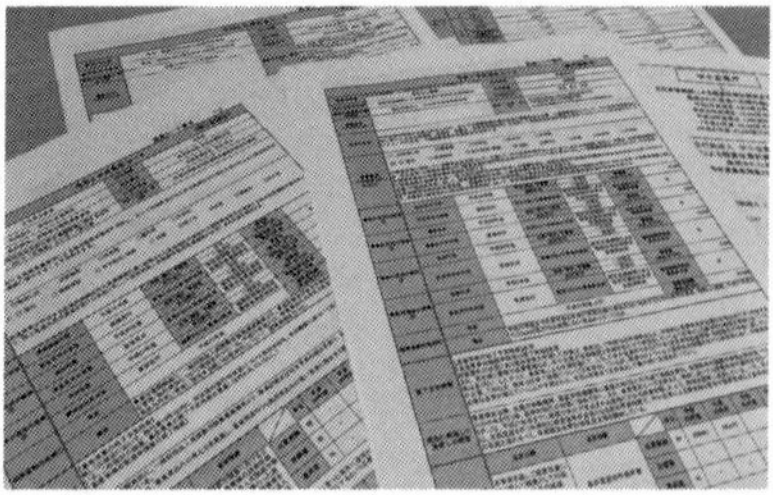

基金シートには収支や資金残高、
主な支出先が記されている

度だけで基金事業は170件以上もあった。事業内容も設立時期も金額もばらばらだ。集団予防接種でB型肝炎ウイルスに感染した人への給付金支給や、交通遺児への奨学金の無利子貸与も基金を使った事業だった。

とりあえず膨大な基金シートの内容をデータベースとして整備することにした。まず、2013～20年度に公表された約1500件の基金シートすべてをダウンロードした。いずれも表計算ソフトのExcel（エクセル）で作成し、前年度の運用実績を記している。ここから重要項目のデータを抜き出して、ひとつのファイルにまとめれば、時系列の資金の動きや別々の基金の比較など体系的な分析が可能になる。マイクロソフトのアプリケーションでシートからデータを抜き出す簡単なプログラムを作って作業を進めることにした。

ところが、デジタル化の流れに反したお役所の慣習が取材班の作業効率化を阻んだ。それぞれのシートが紙で出力したときに見栄えが良くなるように、数字・文字を入力するセルとセルが職人技のように細かく結合されていたからだ。これでは国費の投入額など共通項目で横断的に比較・分析するのに手間がかかる。結合を重ねたセルのどこに欲しいデータが入っているかプログラムで記述するだけでもひと苦労だった。加えて各省庁が記載ルールを無視してデータを入力する事例が数多くあるため、プログラムによる自動化に限界が見えてきた。

正確に抜き出せたデータは8割程度にとどまり、最終的には取材班全員で約1500件のシートをひとつひとつ目で確認し、正しく数字を拾えているかを確認せざるを得なかった。

着手から3カ月、データベースがほぼ完成した。並行して個別基金の取材を進めていた記者たちは、数多くの基金が想定ほど使われず、資金が滞留していることをつかみ始めていた。

その全体像を捉えるのに必要なデータベースが整い、取材や調査の密度は一気に高まった。

過剰な積立額は2兆6000億円

政府が作ったそれぞれの基金は必要だったのか。必要だったとしても投じた国費の規模は適正だったのか。こうした疑問を解明するために目を付けたのが「執行率」だ。国費の累計投入額に対する支出実績の比率のことで、数値が低ければ資金需要が乏しいと考えられ、無駄に資金が滞留していると判断できる。執行率が高くても無理に国費を浪費している可能性もあるので注意は必要だが、まず低執行率の基金をあぶり出すことにした。

対象期間はシートの記載内容が統一された2014〜19年度。主に補助金を交付する「取り崩し型」に絞り、実績を見極められる造成後5年以上経過、もしくはこの期間に解散した基金を分析した。薬害など被害救済目的のものを除き、その数は192件だった。

分析を進めるうちに過大な国費投入を裏付けるデータが次々と出てきた。まず192件の基金事業に投じられた国費の総額は13兆円に達することが分かった。

肝心の執行率はどうか。執行額は国費の累計投入額から国庫返納額と最終年度の基金残高を差し引いて導き出した。この金額を累計投入額で割ったのが執行率だ。分析の結果、執行率が5割未満だったのは28%にあたる54件、そのうち3割未満は34件もあった。各基金の執行率平均は64%で、金額ベースでは8割。2兆6000億円が余剰だった計算になる。

国の指針では不要な資金を速やかに返還するよう求めているのに、国庫返納額は1兆8600億円にとどまり、7600億円が塩漬けとなっていた。

100億円以上が投じられた基金を見ると、執行率が最も低かったのはリーマン危機後の雇用対策として造成した長期失業者の就労を支援する基金（国費投入額379億円）の3・

５％、次いでニートの就労支援の基金（同１４８億円）の９・３％だった。

取材では基金造成当時の府省庁担当者たちが「基金は予算単年度主義の例外なので財務省がなかなか認めてくれなかった」と口をそろえていた。それなのになぜこれほど乱立するのだろうか。

カギは補正予算だった。環境省の元幹部が解説する。

執行率の下位10基金事業
（100億円以上）

事業内容（設置期間）	執行率（投入国費額）
長期失業者の就労支援（2009～20年度）	3.5%（379億円）
ニートなどの就労支援（2013～16）	9.3（148）
東日本大震災の被災者の自宅再建支援（2011～）	14.1（2,423）
東日本大震災の被災企業の資金繰り支援（2011～）	14.9（100）
東日本大震災の被災企業の事業再生支援（2011～）	18.5（184）
電気自動車の充電設備整備（2012～）	21.0（1,005）
ブロードバンド基盤の整備（1995～2018）	22.1（132）
肉用牛生産者の赤字補塡（2013～18）	25.8（2,772）
東日本大震災の被災者の住宅ローン負担軽減（2011～）	29.9（183）
中小企業のPCB廃棄物処理促進（2001～）	36.3（283）

（注）基金シートに基づき日経集計

「いつもはかたくなに基金を認めない財務省も補正予算のときは違う。真水で何兆円積み上げろという指示になるからだ。環境省のような小さな役所だと年度内の執行は無理なので詳細な制度設計は後回しにし、とりあえず基金を作って翌年度以

基金の多くが補正予算で作られた

執行率ごとの基金事業数

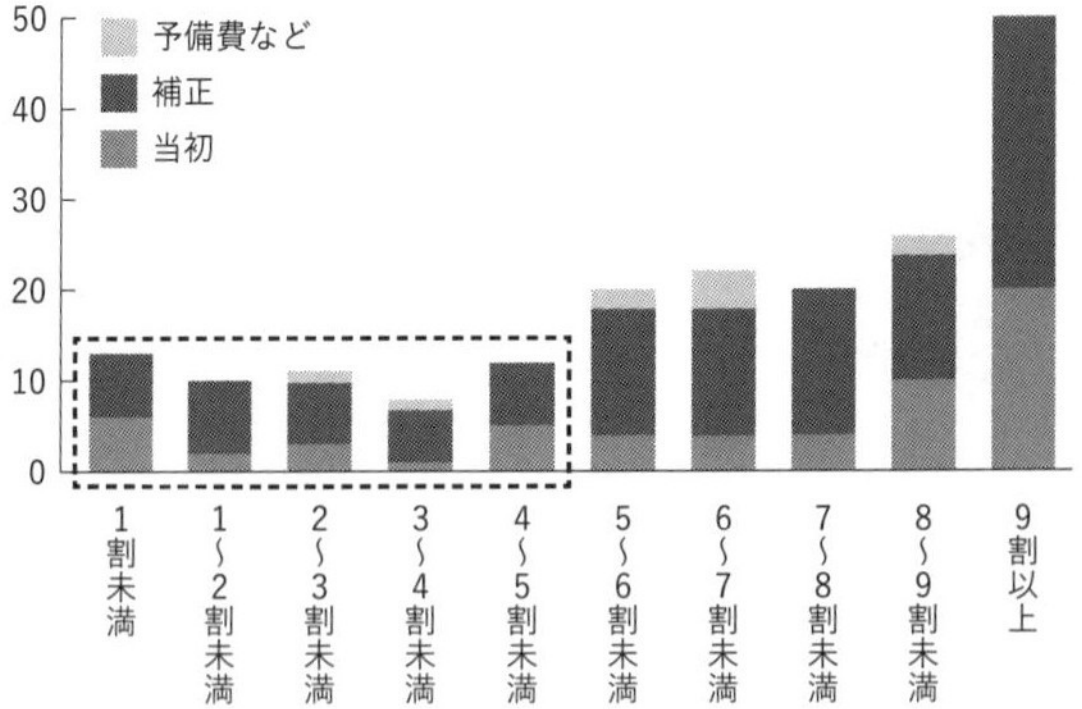

降使おうという話になりやすい」

各省庁の要望を積み上げて編成する当初予算と異なり、補正予算は歳出額が先に決まることが多い。

普段は厳しく査定する財務省もこのときばかりは金額の積み上げに奔走する。制度設計が甘くても「枠」を確保できる基金は予算額を簡単に増やせる「打ち出の小づち」の側面があるのだ。

データ分析でもその点は明らかだった。64%の123基金は補正予算で造成されていた。

EV充電設備の普及策も「規模ありき」

必要額の査定が甘いまま規模ありきで国費を投じれば、基金や制度の設計は甘くなる。典型例は経済産業省が2012年度補正予算で作った「省エネルギー設備導入促進基金（次世代自動車充電インフラ整備促進事業）」だ。基金に1005億円を積み立てて、電気自動車（EV）やプラグインハイブリッド車（PHV）の充電設備を設置する自治体、事業者、個人に対して充電器の購入費及び工事費用の一部を補助するものだ。当時国内で1万基に満たなかった充電設備を10万基に増やし、EV普及を加速させるとの野心的な計画だった。

ところが、当時の対象車両の販売台数は年2万台強。小型車ばかりで車種も少なかった。急速充電設備の初期費用の相場は1基数百万円だった。補助金を使って設置したとしても、黒字化は見込みにくかった。事務局を担った一般社団法人次世代自動車振興センターの担当者も「採算を不安視して利用をためらう事業者が多かった」と説明する。

同センターは新たに専門部署を立ち上げ、各地の展示会に出向いて大々的にPRしたが、利用者数は伸び悩んだ。2015年度までの4年間の交付額は191億円にとどまり、同年度に残高の大半を国庫に返納。2016年度からは単年度事業として継続する。執行率は21％にとどまった。800億円近くの血税が丸4年間、塩漬けになっていた格好だ。

職業訓練支援も利用が伸びず空振り

利用者のニーズを捉えられず低執行率に終わった基金もあった。厚生労働省がリーマン危機の失業対策として2009年度第1次補正予算で作った「緊急人材育成・就職支援基金」だ。積み立てた国費は5815億円に及ぶ。

2008年末に東京・日比谷公園の「年越し派遣村」に派遣契約を打ち切られた失業者が大挙して集まるなど、当時は非正規雇用の失業が社会問題化していた。多くが雇用保険に加入しておらず、当時の制度では国の費用で職業訓練を受けさせることもできなかった。そこで基金の資金を使って月10万円給付と職業訓練をセットで提供することにしたが執行率は50%強にとどまり、2677億円を国庫に返納した。厚労省の幹部OBは「職業訓練よりすぐにお金と仕事が欲しい人が多く、需給がかみ合わなかった」と振り返る。

補正予算が編成されるたびに長期失業者の就労支援やニート・フリーター向け職業訓練など、あの手この手で失業対策メニューが追加されたが、利用は伸びなかった。別の元厚労省幹部は「各部局は補正予算の目玉事業が欲しかったのだろうが、ハローワークに来る人はいくつもメニューがあると混乱する。本来はシンプルであるべきだった」と振り返る。

冒頭でみた国交省のまちづくり基金のように、実際の需要とかけ離れた支出計画を作って不必要に資金をため込む例は多い。基金シートで年度ごとの事業費見込みと実際の使用額がわかる185基金を調べたところ、16%の30基金は毎年度平均で支出実績が計画の3割に届いていなかった。うち10基金は1割にも満たなかった。

そこに需要を高めに設定して資金を維持する意図が浮かぶ。「有事に備える」というもっともらしい理由もついてくる。

事業費の見込みが過大な主な基金事業

事業内容 (開始年度／2019年度末国費残高)	見込み額に対する実績比率の平均 (15〜19年度)
肉用子牛農家の経営支援 (1990年度／59億円)	**実績ゼロ**
港湾地区の再開発への出資 (2007年度／5億円)	**実績ゼロ**
施設園芸事業者の経営支援 (2012年度／120億円)	**8.8%**
ニートなどへの就労支援 (2012年度／2億円)	**15.2**
脱炭素事業への出資 (2013年度／150億円)	**23.2**
部品・素材分野の国内投資の補助 (2011年度／50億円)	**28.1**

ビニールハウスで野菜や花を栽培する施設園芸事業者に燃料高騰時の損失を補塡する事業は典型だ。見込みに対して実績は平均8・8%。それでも直近3年の見込みは、いずれも前年度実績を大きく上回る62億円が続く。所管する農林水産省園芸作物課によると、根拠は過去最高水準だった2008年の燃料価格。いつもこの水準まで高騰し、高止まりする前提を置く。だが

2012年度の高騰時でも支出は37億円。国費425億円のうち4割を使ったが、返納は3割にとどまり、120億円が残る。子牛価格下落の損失を畜産農家に補填する事業も、最近は実績ゼロが続くが毎年20億〜40億円の支出を見込む。

見通しは外れることもあるが、検証を怠れば同じことを繰り返す。分析対象の期間中に一度も計画を達成したことのない基金は、111基金に上った。いったん基金に入れた資金は各省庁が考えつく限りの理由を並べ立てて抱え込もうとすることが分かる。

役所に頼られる「無名の団体」とは

取材では、耳にしたことがないような団体が巨額の基金を運営しているケースが浮かび上がってきた。

筆頭格が一般社団法人環境パートナーシップ会議だ。基金シートを確認しただけで2009〜14年度の6年間で経産省の基金を中心に20件近くの基金事業が次々と立ち上がっていた。団体の決算資料によると、2009年6月末時点の資産額がわずか1600万円であるのに、ピークの2012年3月末には1兆円以上の基金が積み上がっていた。あまりにも不釣り合いである。

当時をよく知る関係者が経緯を詳しく説明してくれた。

団体は２００６年、非政府組織（ＮＧＯ）などで長年環境活動に携わってきたメンバーが立ち上げた。当時の主な活動は環境省と国連大学が共同で運営する「地球環境パートナーシッププラザ」の運営。環境ＮＰＯや行政、企業の連携を目的とした交流拠点だ。

巨額予算と無縁のはずの団体に基金の話が持ち込まれたのは、設立から3年足らずの２００９年だ。リーマン危機後の需要喚起策として環境、経産、総務の3省が実施した「家電エコポイント」のための基金を置かせてほしいという話だった。環境省の担当者からの打診だった。

家電エコポイントは省エネ性能に優れた薄型テレビやエアコン、冷蔵庫の購入者に付与し、百貨店やスーパーの商品券、地域の特産物などと交換できる制度だ。２００９年5月に始まり、２０１１年3月まで続いた。発行したポイントは総額６４００億円分に達した。

実際の事務局は広告代理店・コンサル

とても手に負える規模の事業ではないと何度断っても、環境省の担当者は食い下がった。「基金設置法人として、基金を保管する預金口座の開設と入出金の指示、支出チェックだけお願いしたい」

実際の事務局業務は、電通や凸版印刷など6社で構成する「グリーン家電普及推進コンソーシアム」が受注した。300億円を超える事務局経費は基金から支払われた。この分、国民にまわるポイントは減る。無名の団体を通じて電通などに多額の事務局経費が支払われる構図はコロナ禍で批判を浴びた「持続化給付金事業」とうり二つだ。

1回だけのつもりで大手企業の財務経験者や銀行出身者らを雇って受け入れることにしたものの、それほど日もたたないうちに今度は国交、経産、環境の3省が手がける「住宅エコポイント事業」の基金も作りたいという。家電エコポイントの住宅版だ。

その後も依頼はひっきりなしに舞い込み、気づくと20件近い基金事業を抱え込んでいた。基本的に基金の資金を管理するだけで、事務局は電通や野村総合研究所、みずほ情報総研（現みずほリサーチ&テクノロジーズ）などのコンサルティング会社が担った。

ハイブリッド車の購入促進のために作られた「環境対応車普及促進基金」には2010〜12年度の3年間で15件の事業が加わった。被災地への企業進出促進や工場の省エネ化など、当初の趣旨にそぐわない事業もある。基金造成をためらう団体側に「受けてもらわないと困る」と泣き付く省庁の担当者もいた。基金創設の駆け込み寺になっていたのだ。

なぜ、名も知れぬ団体に役所は群がったのか。

この背景について元経産省幹部は「既存基金の積み増しは財務省の抵抗感が薄かった。それに加えて、当時は独立行政法人や政府系法人に厳しい目を向けていた民主党政権だったため、基金を作るなら純粋な民間団体が好ましかった」と説明する。

環境パートナーシップ会議もさすがに基金残高が１兆円を超えたところで理事会が待ったをかけ、その後は基金を造成しないと決めたという。ところがコロナ禍を境に国内の生産拠点整備を支援する「国内投資促進基金」が新たに造成され、３事業にそれぞれ１０００億〜５０００億円超の国費が投じられた。

国費の流れを見えにくくする「ブラックボックス」である基金は、財務省ですら全体像をつかめていないとされる。その姿がぼんやりと見えてきた。

しかし、それぞれの基金の成り立ちや狙い、担い手、運用手法は様々である。取材班は個別基金の実態を追い、問題点をより深く掘り起こすことにした。

2 過剰人員、中小企業の支援金食い潰す

右肩下がりの補助金申請

相談窓口があるフロアは、思いのほか静かだった。職員の姿は何人か確認できたが、時折電話が鳴る程度で閑散としている。「当初はどっと利用があったが、最近は落ち着いてきたというか……」。室内を見回す記者の様子が気になったのか、責任者の男性は言い訳めいた口調でそう言った。

ここは、資金繰りに苦しむ中小企業が借入先の金融機関に返済条件の変更（リスケ）を求める際に利用できる公的な相談窓口だ。「経営改善支援センター」という名称で、47都道府県に1カ所ずつ置かれている。国から委託を受けた地元の商工会議所などが運営している。

リスケを受けるには、企業が売り上げアップやコスト削減といった経営改善のための計画を作り、金融機関に認めてもらう必要がある。税理士や中小企業診断士などの専門家の力を借りる場合は、国から費用の3分の2に相当する補助金を受けられる。センターはこの補助事業に関する相談・申請を受け付けている。ある首都圏のターミナル駅近くに事務所を置く

センターに記者が向かったのは、その運営実態を探るためだった。

センター長によると、補助金の申請件数は2014年度をピークに右肩下がりなのだという。理由を尋ねると「銀行との交渉がうまくいかず、途中で申請を取り下げるケースが多い」と明かした。金融機関との交渉役を担う税理士や中小企業診断士らは、本来業務で金融機関とやりとりする機会は少なく、その点において専門性は高くない。結局、話をまとめきれずに頓挫するケースが後を絶たないのだという。

ここではセンター長のほか、企業の相談に乗る専門相談員が2人、事務職員が1人常勤で雇われていた。いずれも地方銀行からの再就職者だ。人員が過剰となり、運営コストがかさんでいるのではないか。思い切って水を向けると、センター長はけげんな表情を浮かべた。「一生懸命やっている。私の給料だって、一般的なサラリーマンに比べたら少ないし……」

通称「405事業」

補助事業の正式名称は「認定支援機関による経営改善計画策定支援事業」という。国が基金に国費を積み立て、独立行政法人の中小企業基盤整備機構が管理・運営する。

金融支援が必要な中小企業はまず、国が「認定経営革新等支援機関（認定支援機関）」としてお墨付きを与えた税理士や中小企業診断士、弁護士などに相談し、経営改善支援センターに補助制度の利用を申し出る。その後、企業と認定支援機関が一緒に経営改善計画を練り上げ、金融機関とリスケの協議に臨む。合意に至れば経営改善支援センターに補助金の支払いを求める。

認定支援機関は、定期的に企業が経営改善策を実行しているかをモニタリングしなければならない。認定支援機関への依頼費用の3分の2が補助対象で、計画策定やモニタリングを実施するごとに支払われる。1案件あたりの上限はモニタリング終了までに200万円だ。

2008年のリーマン危機後、経営状況の悪い中小企業の資金繰りは、当時の民主党政権が制定した中小企業金融円滑化法（モラトリアム法）によって守られた。この法律は中小企業からリスケの依頼があれば金融機関はできるだけ応じる努力義務を課す内容で、二度の延長を経て2013年3月に期限が切れた。代替策がこの補助制度だった。最初の国費投入額が405億円だったことから、通称「405（ヨンマルゴ）事業」と呼ばれている。

補助金105億円の拠出に経費67億円

取材の端緒は、中小企業庁が作成した基金シートだった。基金全体のデータベースを作る過程で、補助金の支出額が相対的に少ないことに気がついた。

２０１２年度の基金造成時に４０５億円が積まれた後、２０１７年度に29億９９００万円、２０１８年度に１００億円が追加されていた。一方、支出は２０１２年度がほとんどなく、２０１３年度は9億円、２０１４年度以降は毎年度、20億円以上で推移していた。

目を引いたのは支出の内訳だ。基金シートには認定支援機関に補助金として支出した「事業費」と運営経費にあたる「管理費」の２項目に分けて記載していた。２０１９年度までの総額を計算すると、事業費が１０５億３０００万円だったのに対し、管理費は67億８０００万円。支出の４割が管理費に消えている計算だ。

経営改善計画策定支援事業の資金の流れ

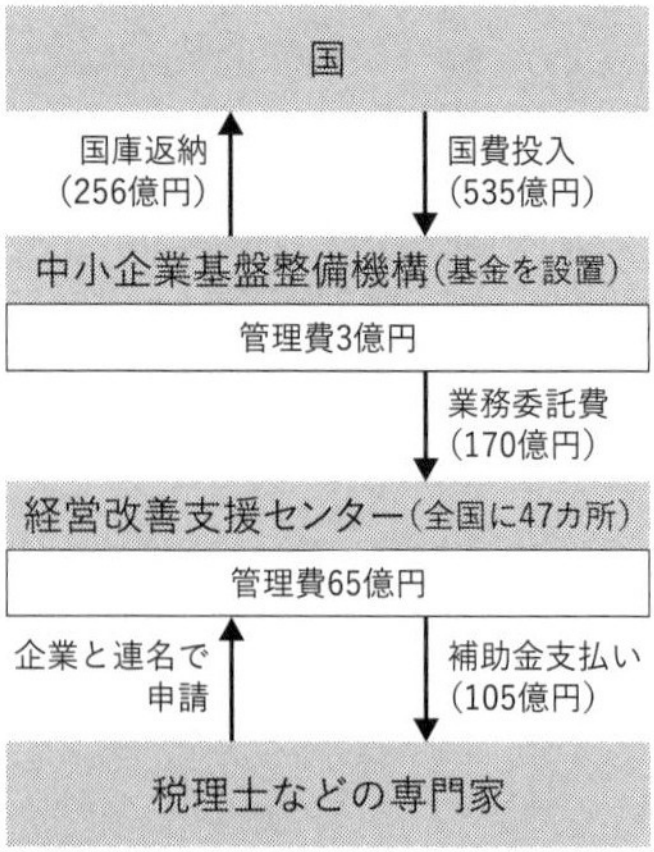

（注）基金シートを基に2012〜19年度の実績を累計

運営コストがかさむ理由を探るため、管理費の内訳を調べることにした。基金シートは「資金の流れ」というチャート図を掲載しており、どこでいくら使ったかを大まかに示している。それによると、基金に積まれた国費の一部は全国の経営改善支援センターに流れ、さらにその一部が認定支援機関に補助金として出ていた。各段階の支出額を基金造成時まで遡って合計すると、管理費67億8000万円のうち、大半の64億5000万円は経営改善支援センターの運営経費だった。残りは基金を管理する中小企業基盤整備機構の運営経費だ。どうやら管理費が膨らむ原因は経営改善支援センターにありそうだ。

業務量減っても、人員は変わらず

公表文書を分析するだけでは限界があるため、中小企業基盤整備機構に情報開示を請求した。狙うのは経営改善支援センターの収支の内訳が記載された法人文書だ。

請求から1カ月半後、673ページに及ぶ「実績報告書」が開示された。全国の各センターが2019年度までの7年間に機構に提出した書類の束だ。「常駐専門家等謝金」や「認定支援機関謝金」「事務所借上料」といった支出項目ごとに金額を記載していた。

記者は支出項目を分類し直し、センター間で比較できるようにした。すると、全国のセンターが管理費として支出した64億円余りのうち、39億円分が人件費であることが分かった。

補助金の支給額は年度によって変動したが、年間の人件費は2014年度以降、5億円台後半で維持されている。業務量に応じた人員体制になっていないのは明らかだった。

典型例は沖縄県那覇市の商工会議所に置かれたセンターだ。2013～19年度の支出総額は3億6000万円で、そのうち6割強の2億1900万円を管理費が占めた。管理費をさらに分類すると、人件費に相当する支出額が1億4400万円に上った。一方、この間に認定支援機関に支払った補助金総額は1億4000万円で、人件費の総額を下回る。

いったいこれは誰のための補助金なのか。佐賀や長崎、大分のセンターでも人件費の総額が補助金支出額に迫る水準だった。人件費が基金を食い潰す構図がようやく見えてきた。

「申請件数は全国的に見ても真ん中より上。沖縄県の経済規模からすれば、悪くないと思う」。センター運営業務を受託する那覇商工会議所に電話で問い合わせると、担当の男性職員は、予想外にも〝優等生〟ぶりを強調した。

実績報告書によれば、たしかに2013～19年度に沖縄で受け付けた405事業の利用申請件数は全国47カ所中、広島に次いで19番目に多い。沖縄県内の事業所数を考慮すれば、十分健闘しているように見える。

ただ、そのうち5割以上は申請を取り下げている。センター業務は申請の受け付けのほか、計画策定やモニタリング時に企業が提出する書類をチェックしたり、補助金を支出した

経営改善計画策定支援事業の支出

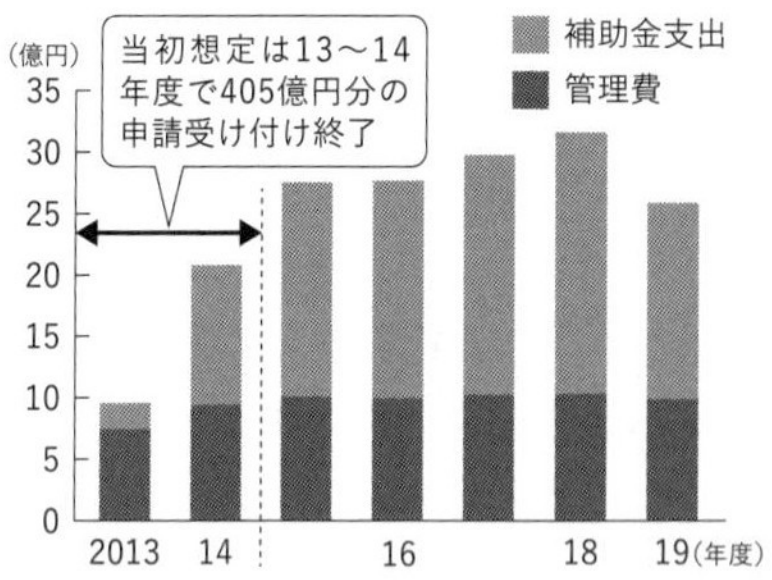

（注）各年度の基金シートを基に作成

りする手続きが中心だ。申請件数に対して実際の業務量はそこまで多くない。兼任のセンター長に加え、専門相談員２人、事務局員１人の３人を常勤雇用する体制は過剰ではないか。

職員は「目の前のお客さんにしっかり対応していこうと考え、申請が何件あったかを重視してきた。コスト意識がないわけではないが、人件費という視点はなかった」と話した。

潤うのは支援側

沖縄以外の経営改善支援センターにも取材したが、窓口の常勤職員はほとんどが地銀ＯＢで、実入りの良い再就職先となっているようだった。全国の常駐職員は１５０人超。中小企業の動向を長年見てきた、ある信用調査会社の調査員は「事業で潤うのは補助金を受け取る税理士や中小企業診断士ら専門家と、再就職先をあてがわれた地銀ＯＢだ」と指摘した。

国が期待したほどこの事業は利用が進んでいない。国の補助があっても費用を払ってまで第三者に頼る不振企業は多くないのだ。

当初は2014年度末までに2万件の申請を見込んでいたが、実際にはその時点で7500件しかなかった。国会でも「需要がない」などと問題視され、2015年度に基金から256億円をいったん国庫に返納している。2019年度末時点でも、申請件数は1万8500件にとどまる。

こうした非効率な事業は、本来なら規模を縮小するか、いったん取りやめて事業全体を見直すべきだが、関係者にメリットがあると制度存続が優先されやすい。国は利用を促すことに力を注ぎ、リスケに限定していた補助対象を新規融資にも拡大した。それでも利用が伸びないと、今度はリスケが必要ない企業を対象に「早期経営改善計画策定支援事業（通称・プレ405事業）」をメニューに加えた。基金には2017年度に29億9900万円、2018年度に100億円、2020年度に48億2400万円が積み増された。事業目的は薄まり、より多くの予算を使うことに血眼になっているようだ。

中小企業基盤整備機構にも取材結果を説明した上で見解を求めたところ、「経営改善計画の策定後も引き続き、計画が実行されているかを管理しており、人手がかかるのは仕方がない」との回答があった。

中小企業庁はやや異なる反応だった。金融課の職員はほかの基金事業に比べて管理費の割合が高いことを認め、「利用件数が少ないことが大きな要因だ。もう少し使い勝手をよくできないか検討している」と述べた。問題意識は持っていたが、やはり利用を促すことに目を向けていた。

これは405事業に限ったことではない。基金シートで2010年度以降に補助金支出を確認できた一定規模の基金事業について支出に占める管理費の割合を調べたところ、少なくとも10件は2割を超えていた。ニートなどに職業訓練と給付金を提供する厚生労働省の基金事業では管理費比率が7割を超え、2014～15年度に10億円の管理費を使った後、2016年度に事業を終えていた。この間の事業費支出はわずか3億円だ。

会計検査院長を務めた早稲田大の小林麻理教授は、米国や英国のように政府から独立して財政を検証する機関を導入すべきだと主張した上で「国の事業は過大な見込みに基づき、業務を外部委託して費用が膨らむことが多い。運営体制が効果に見合わなければ経費を圧縮すべきだ」と指摘している。

3 畜産基金、支給遅れ常態化

農機リース補助は「2年待ち」も

本州の最南端、大隅半島の中心部に位置する鹿児島県鹿屋市。茶畑や牧草地が広がる中に比較的新しい牛舎が建っていた。牛舎の中では数十頭の黒毛和牛がおがくずの上で寝そべっていた。鹿児島県は肉牛の飼育頭数で北海道に次いで全国2位。黒毛和牛に限ると、全国首位を誇る。鹿屋市はその鹿児島県内でも肉牛の一大産地だ。

「半年ほどで届くと思っていたのに……」。ここで肉牛を育てている農家の女性は憤っていた。牛舎を新しく建て、飼育数を増やすのに伴い、エサとなる牧草地も広げていた。広くなった牧草地を耕すため、女性は国の事業を使ってトラクターをリースし、2019年に補助金の交付を受けることが内定した。だがトラクターが届いたのは2021年8月だった。

「牧草地を拡大するときに申請したのに遅すぎる。何のための事業なのか」

鹿児島湾を挟んだ薩摩半島の付け根にある薩摩川内市でも同じような声を聞いた。肉牛農家の男性は牛の異常を検知するセンサーシステムを導入しようとしていた。牛の飼育数を増

農機補助の支給遅れは悪化している

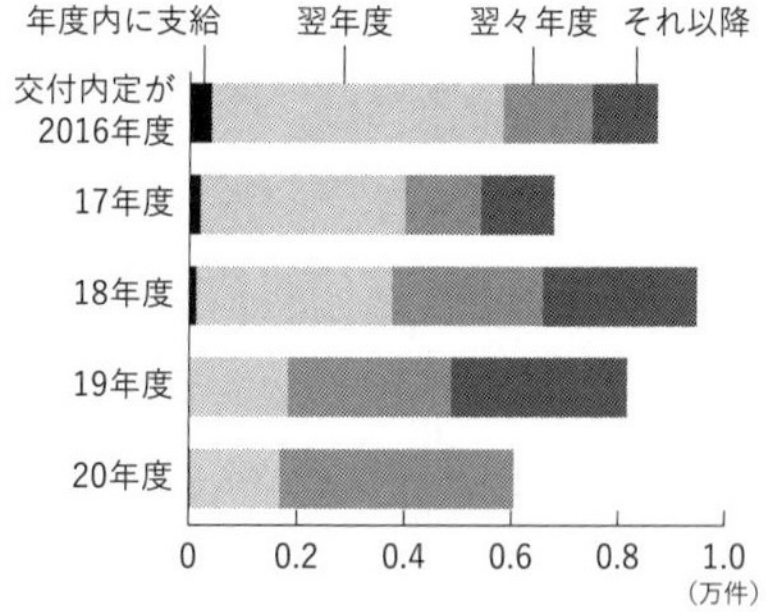

（注）農水省資料より作成。施設整備事業なども一部含む

やすにあたり、作業を効率化するためだ。同じリース補助金が内定してから2年以上たつが、まだ納品されないという。男性は「大きな機械でもないのになぜこんなに時間がかかるのか。自分で買えばよかった」と苦笑いする。

いずれも利用したのは農機リース費の最大半分を補助する基金事業だ。２０１５年の環太平洋経済連携協定（ＴＰＰ）大筋合意を受け、農林水産省が畜産農家の体質強化策として２０１５年度補正予算で設置した。

正式名称は「畜産・酪農収益力強化総合対策基金（畜産基金）」。公益社団法人の中央畜産会が管理・運営する。関税引き下げで畜産関連の輸入製品の価格が下がり、それが国産品に与える影響を和らげるために、経営効率化を促す。牛や豚の畜舎整備の補助も含むが、支給件数の9割は農機リース向けの補助だ。

手続きはこうだ。中央畜産会が申請を受け、簡単な確認で支援を内定する。その後は契約申込書や経営計画などの書類を農家に出させて審査し、最終決定する。それからリース会社が農機を納める。納品後に中央畜産会に報告すると、リース会社に補助金が振り込まれる。

日本経済新聞の調べではこの間に大きなロスがあった。2016年度に内定した約8700件のうち年度内に支給したのは450件。6割の5300件は2017年度、3割は2018年度以降にずれ込んだ。年々積み残しは増え、2020年度内定分は7割が2022年度以降となる。2016～20年度全体では翌々年度以降の支給が5割を超えた。

中央畜産会は「農家の書類にミスが多い」と釈明するが、そもそも内定後の手続きが煩雑だ。契約申込書のほか、経営計画やリース費の見積もりなど約10種類の書類を求める。鹿児島県鹿屋市の別の肉牛農家は申請書類の束を指しながら「牛を育てながら多くの書類をさばくのは農家にとって負担が大きい」とため息をつく。

中央畜産会の担当職員は当初5人程度だった。やりとりはすべて郵送で、双方の負担が膨らむ構造的な問題を抱えていた。畜産会は2021年10月に書類の選択式項目を増やし、電子申請に切り替えるなど手続きを簡素化したが、対応は後手に回っている。

書類上の「きれいすぎる数字」の謎

支給の遅れに伴い、さらなる問題点も見えてきた。農水省は補助金の交付内定後に辞退した件数を継続案件として取り扱っていた。それだけ需要が多くあるように見え、使う見込みのない資金を余分に抱え込む結果を招いていた。

取材の端緒となったのは基金シートの「きれいすぎる数字」だ。農水省が毎年出している畜産基金の基金シートには「補助等に関する交付決定実績」という欄がある。過去3カ年度に補助金を交付すると決めた件数をそれぞれ記載しているほか、交付を決めた件数のうち、実際に補助金をどの年度に何件支給したかもあわせて載せている。

不自然だと感じたのは各年度の支給件数と翌年度以降の支給見込み件数を足し合わせると、当初に補助金を交付すると決めた件数とピタリと合うことだった。畜産基金のほぼすべての年度の基金シートで、当初の交付決定件数と、実際の支給件数と翌年度以降の支給見込み件数の合計が1ケタまで一致する。

この基金事業は、補助金の交付決定から実際の支給までに2年以上かかる事例が目立つ。農機の納品までに何年もかかれば、一部で辞退者が出るのが自然だ。交付決定後に事情が変わる人もいるだろう。納品までに時間がかかりすぎてしびれを切らし、自前で調達する人もいたはずだ。だが基金シート上は、当初に補助金の交付を決めた件数から1件の辞退も出ていない。すべてはいずれかの年度で支給済みか、翌年度以降に支給見込みとなっている。

こうした基金シートの記載は畜産農家への取材とも整合性がとれなかった。鹿児島県鹿屋市で最初に話を聞いた肉牛農家の女性は「リースの機械が届くのが遅くて補助金の申請を取り下げ、自分で買った人もいる」と話していた。

基金シートを作成した農水省畜産局企画課に問うたが、回答は二転三転した。担当者も記載内容をよく把握していない様子だった。ただ、一部で辞退者が出ていることは認識していた。

辞退者は基金シートのどこに書かれているのか。最終的に、辞退件数は翌年度以降の支給見込み件数に含まれていたことがわかった。要は基金シートに記載されていた翌年度以降の支給見込み件数は、当初の交付決定件数から各年度の支給件数を引いただけの数字だったのだ。では辞退件数はどのくらい出ているのか。農水省の担当者からは「全体の数パーセント程度だと思うが、正確なところは分からない」という頼りない答えしか返ってこなかった。

中央畜産会に取材すると部分的に回答が得られた。2017年度に補助金の交付を内定した6700件のうち、1割強の700件で辞退が生じたという。事業が事実上始まった2016年度に交付が内定した分は正確な数字が分からない。2018年度以降の内定分の大半は支給が済んでおらず、辞退件数を把握できる段階にないとの説明だった。全容を把握するのは難しいが、少なくとも1割を超える規模で辞退が出ていることがうかがわれた。

農水省「記載は不適切」と認める

辞退件数の未記載にこだわったのは、それが二重に基金の不適切さを示すと考えたからだ。まず辞退件数の多さは、補助金の手続きの遅れによって国費が有効に活用されていないことを示す証拠となる。迅速に手続きがなされていれば、農家は飼育頭数の規模拡大に合わせてタイムリーにトラクターなどの機械を導入し、肉牛生産を効率化できた。TPP対策として畜産基金を設置した狙いもそこにあったはずだ。農水省畜産局企画課は「手続きの遅れで政策効果が薄らいでいる」との認識を示した。

もうひとつは、辞退件数の未記載は基金を無駄に膨張させる原因となる。基金に積んでいるお金には今後何に使われるかという「色」がついている。具体的な支出の見込みがあるから年度をまたいで国費を保有できる。支出見込みのないお金は余剰金として迅速に国庫に返さなければならない。

基金残高の規模が適正かどうかを示す指標として、基金シートには「保有割合」という数字が示されている。基金残高を今後の使用見込み額で割って算出する。1を超えればその基金は余分に資金を抱え込んでいると見なされ、余剰分は国庫への返還を求められる。

畜産基金の保有割合は２０１９年度に１・０１、２０２０年度に１・０２、２０２１年度に１・０７と1を上回る水準が続く。ただでさえ1を上回っているのに、辞退件数を継続案件として取り扱っていたなら、それだけ需要があるかのように装っていたと受け取られても仕方がない。辞退件数に相当する金額を今後の使用見込み額から差し引けば、保有割合はもっと高くなるはずだった。

日本経済新聞の指摘に対し、農水省は不適切な記載を認めた。

支出を上回る国費を毎年投入

畜産基金は支給遅れが常態化しているのに、支出を上回る国費を毎年投入してきた。設置時に６５９億円だった残高は２０１６年度末に７６４億円、２０１７年度末に８４５億円、２０１８年度末に９６７億円、２０１９年度末に９９０億円と膨張を続け、２０２０年度末

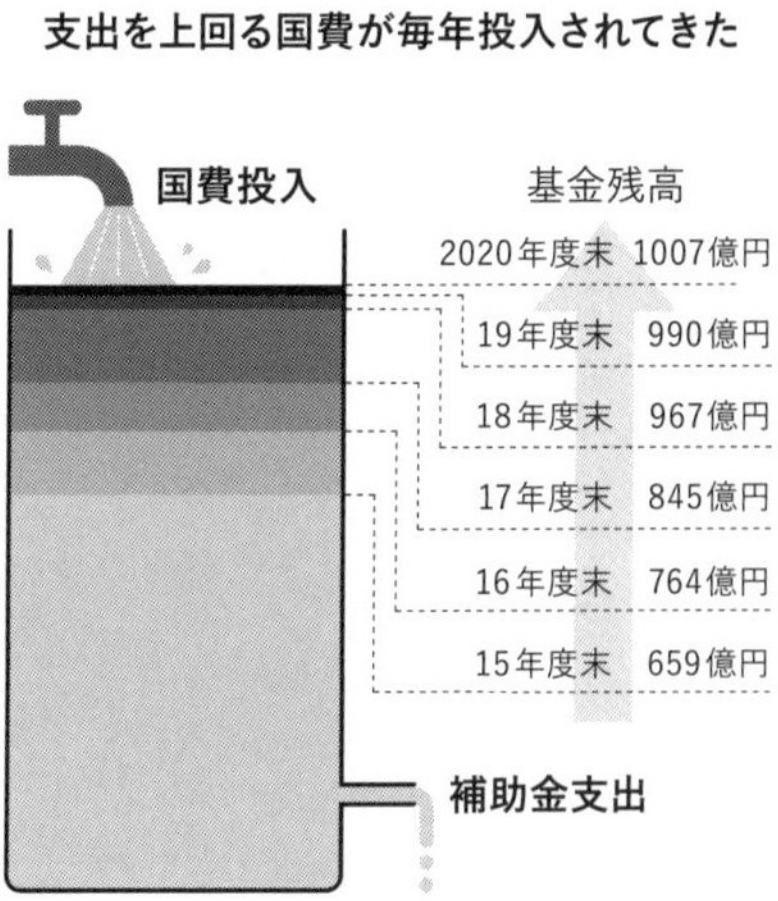

には当初の1・5倍の1007億円まで膨らんだ。2020年度末までに投じた国費は累計2228億円。財務省主計局は「使う速度に対し、追加の投入が多すぎる」と指摘する。

そもそも支援が不可欠な農家はどれほどあるのかといった検証も必要だ。農業に詳しい関西国際大の吉田誠教授は「TPPが国内畜産に与える影響に比べ、対策が大きすぎる」と話す。TPPが発効した2018年度に関税が下がった牛肉を見ると、2020年度の輸入量は2018年度比で5%減り、生産量は輸出増もあって1%増えた。市場価格は一時下がったが、発効前の水準に戻っている。

TPPの顕著なマイナス影響は見られず、基金の存在意義が問われる。吉田氏は「単年度で予算を管理すれば政策効果を毎年評価できる。基金の見直しも考えるべきだ」と訴える。

会計検査院も指摘

日本経済新聞は、2021年10月13日に朝刊1面トップで一連の問題を報じた。畜産基金は同年12月に開かれた行政改革推進会議で「支出の遅れにより基金残高が高止まりしている」と指摘され、積み増し額の見直しなど対応を求められた。

会計検査院は2022年9月、農林水産分野のTPP対策に関する会計検査の中で畜産基金を取り上げ、検査結果を公表した。農機リースの補助事業は手続きに時間を要することから事業の実施を辞退する者が見受けられていると指摘した。

畜産基金の2021年度以降の支出見込み額が533億円で、農機リース事業は509億円と大半を占める。検査院はこのうち、取り組み主体による辞退などで事業を実施しないことが確定し、基金の使用見込みがあるとは言えない額が123億円余りに上り、使用見込み額が過大に算定されていたと報告した。支出見込み額のうち、金額ベースで2割強が辞退などで実際には使う見込みがなかったことになる。全体の残高1007億円からみても1割強に上った。

辞退件数を継続案件として取り扱った理由として、農水省は辞退額が確定していないことを挙げたという。だが、当初に補助金の交付を決めた件数のすべての手続きが完了するのを待っていては、支出見込みのない123億円余りは基金の中で死蔵され続ける。本来ならほかの目的に使うことができたはずで、その機会損失は大きい。辞退などで支出される見込みがないことが判明すれば、部分的にでも速やかに国庫に返納すべきだ。

こうした指摘を受け、野村哲郎農林水産相は2022年9月20日の記者会見で「支出見込み額に辞退分を含んでおり、基金管理が十分にできていなかったことは反省しなければならない」と非を認めた。「基金管理団体から本事業の辞退額の報告を定期的に受けることがまず必要だ」とした上で「辞退を的確に把握し、それに基づいて減額したい」と説明した。

2022年度の基金シートで、農水省は支給見込み件数から辞退件数を差し引き、辞退件数に相当する金額などを今後の事業見込額から減らした。この結果、畜産基金の保有割合は1・52に跳ね上がった。適正とされる規模の1・5倍だ。

基金の減額は進むのか。農水省畜産局企画課は「追加の国費投入を抑えることで基金の造成額を圧縮したい」と説明する。実際、2022年度第2次補正予算に計上した追加の国費投入額は30億円と、2021年度補正予算の5分の1に減らした。このうち農機リースの補助事業はゼロ円だった。

4 基金で病床再編、戦略なき迷走

都道府県に設置、実態見えにくく

これまで見てきた中小企業や農業従事者への支援を目的とする基金とは異なり、政府の看板政策を推し進める触媒としての機能を持たせるために設置した基金もある。

そのひとつが2014年に始めた「地域医療介護総合確保基金」である。

人口減少、超高齢化を見据えれば、地域単位で病床の役割を再編していかなければならない。政府は団塊世代が75歳以上になる2025年に照準を合わせ、高齢化で変化する医療需要に対応できる医療提供体制を構築する「地域医療構想」を2014年に掲げた。

今でも過剰と言われる重症者向けの「急性期病床」を減らし、リハビリなどを施す「回復期病床」に切り替えるのが柱だ。急性期は医療スタッフを手厚くする必要があるため大病院にできるだけ集約し、救急医療を効率化する。介護ネットワークの充実も盛り込んでいる。

総合確保基金はこの取り組みを支援するために、消費増税分を社会保障に充てる目玉政策として立ち上がった。47都道府県に置き、その都道府県が提出する計画に基づいて国が3分

基金を巡る計画と補助金の流れ

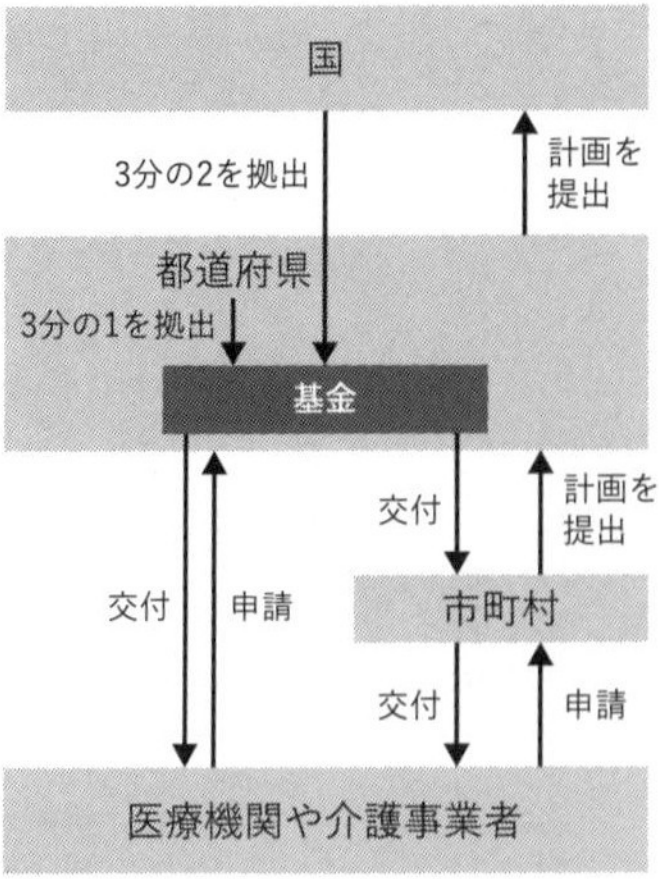

の２を拠出する。残りは都道府県が負担して運営する。最も重点を置くのが病床再編で、都道府県はあらかじめ医療機関に病床再編の意向を聞き、計画に盛り込む。介護分野向けなどを除く病床再編向けの累計積立金は２０２０年度時点で１４４１億円に達していた。

厚生労働省によると、２０２５年には高度急性期を含む急性期病床は２０１５年比で３割減の53万２０００床、回復期を３倍の37万５０００床とし、国内の病床全体を５％減らす必要があった。総合確保基金は青写真に近づける起爆剤になるはずだった。

取材班は総合確保基金が狙い通りに使われているかを探ろうとしたが、これもまた様々な情報が「ブラックボックス」に閉じ込められていた。

国が都道府県に設置した基金に国費を投じた時点で予算を消化したことになり、基金がどういった病院に、どれだけの補助金を拠出したのかが基金シートを見るだけでは分からない。公表資料で知ることができるのは、年度ごとの基金残高と都道府県が作った病床再編計画などに限られていた。

愛知県の計画、実現はわずか14分の1

とりあえず残高が多く、執行率が低いところを調べてみることにした。最初のターゲットは愛知県だった。すると驚きの実態が浮かんできた。

累計1万3700床の病床再編計画に対して、実現したのはわずか945床——。

愛知県は医療費が高額な急性期病床から回復期病床への転換を柱とする計画を掲げていたが、2020年度までの実績はわずか14分の1だった。後に分かったことだが、県内の病院に再編予定を聞き取った結果と比べても7倍の開きがあった。

県の医療計画課に再編計画の根拠を問うたところ「計画は2016年にとりまとめた2025年時点での必要病床数（地域医療構想）を基に、各年に逆算して算出した」と回答した。つまり机上の計算をそのまま計画に適用しただけだった。

膨れ上がった前提をベースに、愛知県の総合確保基金には病院向けとして国が57億円、県が29億円を積み立てたが、使い道が決まらない77億円が眠っていた。

「県は回復期が足りないというが、本当に足りないのか疑問だ」。愛知県の医師会幹部はこう主張し、県の計画に対して冷ややかな姿勢を見せた。「患者の病態は常に変化するので、現場感覚からすると国が示す病床区分に切りわけられない。急性期病床は回復過程に入った患者の容体が悪化しても対応できるので、使い勝手がいい」。ここに再編に後ろ向きの医療関係者の考えが凝縮されている。

医療スタッフを手厚く配置する急性期病床は1日あたりの入院代が回復期病床より3割ほど高い。急性期病床を維持すると病院が稼げる仕組みだ。急性期病院の看板を掲げながら救急搬送を断る一方、回復期病床で診るべき患者を受け入れる「なんちゃって急性期」も横行する。病院にとって死活問題となる若手医師の確保においても、急性期の看板を掲げる方が好都合だという。

愛知の累計病床再編数

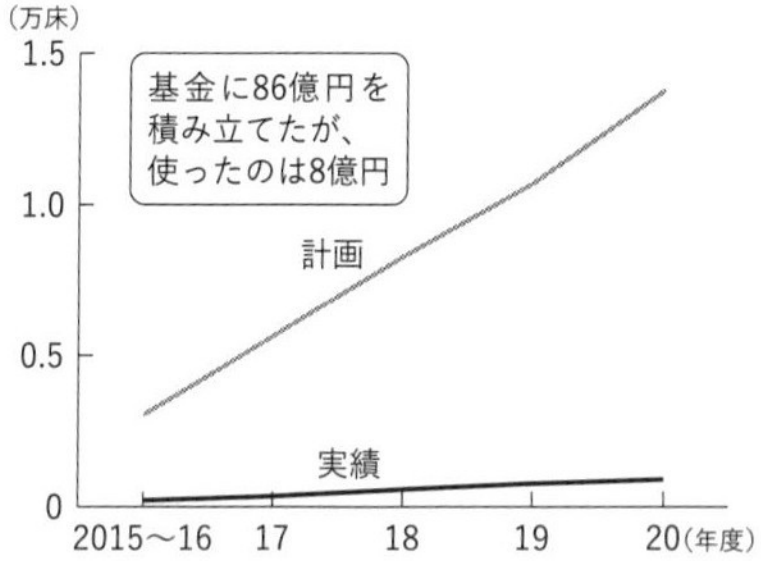

計画達成は「ゼロ」

実情はほかの自治体も同じだろう。厚労省地域医療計画課に各都道府県の病床再編向けの執行状況などについて尋ねてみたところ、「そうしたデータはない」という。

そうであれば総当たりするしかない。医療向けの総合確保基金は、①地域医療構想の達成に向けた医療機関の施設または設備の整備に関する事業、②居宅等における医療の提供に関する事業、③医療従事者の確保に関する事業、④勤務医の労働時間短縮に向けた体制の整備に関する事業――で補助金を出す。ターゲットにしたのが、この基金の「1丁目1番地」であり、①の中心である病床・病棟の再編事業だった。

2014～20年度の各都道府県内の再編実績を聞き取っていった。都道府県の計画は事業の終了予定年度を定めている。これと見比べれば、計画通りに進んでいるかどうかが見えてくる。総合確保基金の積立額と支出額もあわせて聞いた。集計対象は当初計画で2020年度までに事業が終了しているものに限定した。

やはり愛知県と同様の実態が全国で次々と浮かび上がってきた。すべての都道府県が再編計画を達成できていなかった。2020年度までの全国の累計積立額は1441億円。これに対し、利用実績は平均３割にとどまっていた。にもかかわらず、毎年多額の予算が充てられ、新たな資金が国から投入され続けていた。

執行率が最も低かったのは奈良県の３%で、このほか岐阜県や長崎県など10県が１割未満だった。執行率が３番目に低い福岡県も計１６８０床を回復期病床に転換する計画だったが、実績は１６６床のみ。積み立てた45億円のうち、使ったのは２億円だった。累計積立額が２１４億円の東京都は再編病床数の実績が計画の７割弱で、１５８億円が残っていた。地域医療構想が進んでいないことの現れだ。

基金の累計積立額の執行状況

	順位	都道府県	累計積立額	執行率
積立額トップ5	1	東京	214.3億円	25.9%
	2	愛知	86.0	10.1
	3	大阪	79.0	22.2
	4	兵庫	76.9	82.0
	5	千葉	61.8	39.9

コロナ患者の受け入れに影響

再編が順調に進まない状況は新型コロナウイルス患者の受け入れを滞らせる要因になった。

医療経済学を専門とする津田塾大の伊藤由希子教授は「日本は病院数が多い一方で、少ない医療人材が支えている広く薄い医療体制だ。病院再編を進めて人材を集中させていなかったため、コロナ禍で病床が思うように増えない問題につながった」と強調する。急性期の病床数は足りているのに回復期などの患者でベッドが埋まり、救急治療が必要な患者が入院できない事例が目立った。

病床再編に関する事業は予算規模が大きく、ほぼ自治体の要求通りに交付されている。予算権限を持つ財務省幹部は「毎年決まった額ありきでなく、予算も減らしている」と説明する一方で「制度改革なき予算付けだった」と過剰ぶりも認めた。

今後は高い診療報酬を得ながら本来の機能を果たさない急性期病床を厳しくチェックする必要がある。

地域医療構想に詳しいニッセイ基礎研究所の三原岳主任研究員は「病床の稼働状況や患者推計を開示すべきだ」と主張し、自治体に地域医療の「見える化」を求める。急性期の治療実績が乏しい病院の実態を明るみにすれば、機能転換や再編協議を強く促せる。津田塾大の伊藤教授は、総合確保基金の規律が欠けていることから「再編が進まない自治体に資金を返納させたり、国費の追加投入をやめたりする実績主義への転換が必要だ」と訴える。

交付先未定でも「全額使う予定」

しかし、国や自治体にそうした自覚があるのか疑わしい事実が見つかった。

厚労省が総合確保基金の執行状況や予算配分を議論する有識者会議に提示していた資料を読み込んでいると、巨額の積み残しがあるはずの自治体で「全額執行予定」と表記されていたのだ。

なぜそう記しているのかを聞くと「交付先は決まっていないが、使う予定である」という。自治体の言い分はこうだ。地域医療構想の実現に必要なお金を積み上げており、実現に必要なお金だから執行予定だという。厚労省は自治体からの報告を精査せず、基金の執行状況を示す資料を作成していた。

問題は自治体が報告するデータの基準が曖昧であることだ。2021年10月に有識者会議に提出された資料によると、2019年度までに病床再編以外も含む医療向けに積み立てた金額は計5372億円。これに対し、2020年度に自治体が報告した予定を含む支出総額は4614億円だった。近いうちに執行率が86%になりそうだが、実態は異なっていた。

複数の自治体によると、厚労省はこのように説明していたという。具体的に補助金を交付する医療機関が決まっていなくても、国に提出した計画実現に必要と考えていれば「支出予定」に含めてもいい——。理屈がよく分からない説明である。

厚労省地域医療計画課は２０２１年11月下旬の電話取材に対し、「交付先が未定でも将来使うつもりであれば予定に含めてもいい」と答えたが、12月8日に「具体的な執行予定のめどが立っている金額に限る」と電子メールで修正してきた。国、自治体で解釈が統一されていないことが浮き彫りになった。

交付先が決まり確実に支出が見込める金額と、具体的な計画がない余剰金を区別しなければ、利用状況を正しくつかめない。しかも国は「執行（予定）額」という合計額で公表しており、実態を見えにくくしている。

11府県が運用する病床再編基金は交付先が未定でも使い切ると報告

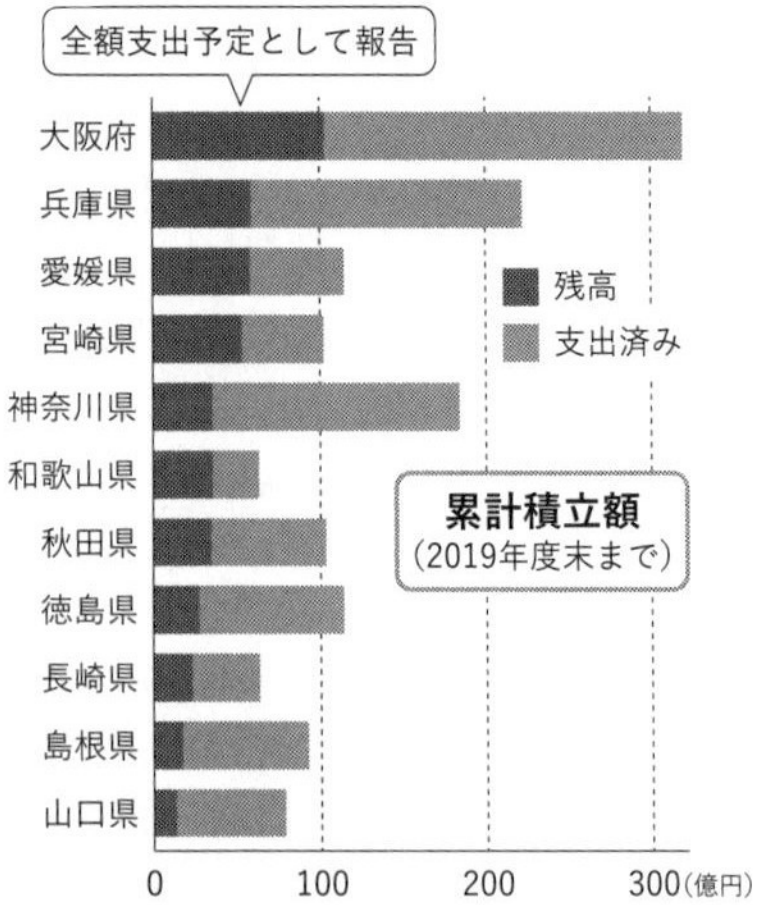

（注）2021年10月に厚労省の有識者会議に提示された資料などを基に作成。積立額は医療従事者確保などの事業を合わせた総額。残高は計画途中も含む

国の資料を調べると、大阪、愛媛に加え、兵庫や神奈川、長崎など11府県が総合確保基金の残高をすべて支出予定としていた。累計320億円を積み立てた大阪府には103億円が残っていた。府保健医療企画課は「将来にすべて使う計画だが、一部は交付先が決まっていない」と説明する。ほかの自治体も支出先が決まった案件だけを集計すると予定額は減少した。

東京都は執行済みの金額だけを国に報告していた。高知県は未執行でも交付先が決まっている分だけを予定額としており、自治体ごとに対応がばらついていた。

財政問題に詳しい一橋大の佐藤主光教授は「本来は契約を済ませて、支払い義務が生じたものだけを執行額とすべきだ。根拠が示せない予定額は加えてはならない」と話す。

厚労省は「自治体の報告を信頼しており、全額支出予定でも違和感はない」と回答した。有識者会議のメンバーである日本慢性期医療協会の武久洋三会長は「(会議で示される資料を見て)本当にこれだけ使われているのか疑問に思っていた。自治体ごとにデータの基準が異なると、正しく検証できず、必要なところに資金が届かない」と指摘する。

基金の新増設は加速するばかり

日本経済新聞の指摘が効いたのだろうか。2022年6月、政府は中央省庁の事業の無駄を点検する「行政事業レビュー」で、総合確保基金の病床再編向けの執行状況を初めて公表した。厚労省が示した資料によると、2014～20年度に病床再編のために積み立てた累計2779億円のうち、支出したのは43・9％にあたる1221億円だった。執行額に予定額を含まず、実態を示した。再編に関わる事業のほかに遠隔医療の推進、がん診療施設整備、ICT（情報通信技術）を活用した医療機関の連携など比較的基金の需要が高い事業を含めていたため、取材班の集計よりも執行率は高めだった。

それでも都道府県でばらつきがあり、最も執行率が高い熊本県は83・4％、最低の愛知県は12・0％だった。行政事業レビューに参加した有識者は「不必要であれば積立金を返還すべきだ」「執行額が適正なのか、検証が必要だ」などと発言。事業全体の抜本的な改善が必要だとの認識で一致した。

日本経済新聞が基金の問題を繰り返し報じても、基金を新増設する動きは抑制されるどころか、むしろ加速している。

２０２２年度第２次補正予算は一般会計で28兆９０００億円に達し、その３割にあたる８兆９０００億円が基金への支出に振り向けられる。一度の予算で基金向けに計上した額としては過去最大となる。大学・高専の理系への学部再編支援に３００２億円、中小企業の研究開発後の実証実験支援に２０６０億円、キャリアアップ支援で７５３億円……。このような新設が16基金もあり、ほかにも既存の34基金で経費を積み増す。既存と新設で似たようなテーマが重複しているケースも散見される。

政府は資産規模が10億円以上の基金については、四半期ごとに執行状況を確認し、成果が乏しければ予算削減を検討するルールを２０２２年度に導入した。しかし、年１回の基金シートを作る際の検証ですら、ずさんになされている実態を見る限りでは、検証の頻度を上げることが実効性を伴うかは疑わしい。

インタビュー
基金の弊害、どう防ぐ

国の基金が抱える問題点が次々と浮き彫りになった。複数年度にわたって機動的に国費を支出できるメリットはあるものの、運用の規律が緩めば歯止めなく規模が膨らみ、塩漬けや無駄遣いが増えてしまう。どう基金の弊害を防げばいいのか。２人の識者に聞いた。

「スクラップ・アンド・ビルドが必要」

▼早稲田大　小林麻理教授（会計検査院長を経験）

国の予算執行は単年度主義が原則だが、単年度の執行に縛られると融通がきかず、効果的に事業を行えない場合がある。複数年度にわたって柔軟に国費を支出できる基金は使い勝手がよく、リーマンショックや東日本大震災の後にいくつも新設された。

それぞれの基金には必ず目的や使命があり、社会的ニーズに基づいていなければならない。ところが予算審議では「緊急性」ばかりが強調され、「必要性」について議論が尽くされているとは言いがたい。例外的に認められるはずの基金という制度が乱用されている。

必要以上の金額が積まれ、多額の国費が塩漬けになっている基金が目立つ。不要な積立金は、後で国庫に返納したとしても、使われない基金に積まれている間に、ほかの必要な用途で支出する機会をすでに失っている。お金には時間的な価値があるのだ。

基金にいったん国費が入ると、管理・運営は基金設置法人に任され、外部チェックが届きにくくなる。事業スキームが複雑であるため、様々な団体を介してお金を流す過程で間接コストが膨らんでいる基金は多い。これでは本来の目的を果たせない。

最大の問題は基金の効果を適切に測定していないことだ。補助金事業の場合、効果は支給件数や総額ではなく、受給者にどれだけ役立ったかを把握するべきだ。そうでなければ事業の目的を達成したかどうかを判断できない。国はきちんと評価し、結果を国民に説明する責任がある。基金事業ごとに効果を測る項目や目標基準をあらかじめ決めておかなければならない。

欧米諸国では政府の各組織・部門に政策の実施状況についての責任者を置く「責任会計」の考え方が浸透している。米国では政策をマネジメントする事業責任者が国民への説明責任を負う。日本では明確な仕組みがなく、無責任体質になっている。

背景には「予算至上主義」があるのではないか。事業責任者は予算を取ってくることが最も重要な仕事になっている。確保した予算を使わなければ問題にされるが、その予算で何を達成したかという結果は問われないため、予算の消化が優先される。

本来は事業の途中でも随時自己評価し、問題があればその都度、軌道修正することが大切だ。政策目的に対して効果がなければ、いかに効率的に達成できるかを考え、事業を積極的にスクラップ・アンド・ビルドしていかなければならない。日本はこれが苦手だ。既存事業が既得権益になり、しばらくやめられず、見直しがきかなくなる。

府省庁の人事制度にも改善点がある。職員の担当を2~3年で替え、様々な部署を経験させることでゼネラリストを育てようとする傾向がある。諸外国は各政策分野のエキスパートを必要とし、専門的な知見のある職員に政策分析を担わせる。政策に様々なデータを活用することがますます重要になるため、各組織内で専門家を育て、活用していく必要がある。

「『基金基本法』と省庁横断の監視機能を」

▼白鷗大 藤井亮二教授（参院予算委員会調査室長を経験）

基金は独立行政法人や公益法人、自治体に設置するため、各省庁は一歩距離を置く形で、最終的な責任を負いにくい仕組みになっている。

中央省庁のマンパワー不足が基金という外部機能に頼らざるを得ない要因のひとつだが、問題は消化しきれないほどの巨額の予算がつくことだ。基金設置法人もこの予算を消化しようとして無理が生じる。

かつての基金は積極的な財政出動を目的としたものではなかったのに、今では経済対策の規模を膨らませるために活用するケースが多く、補正予算で計上するのが当たり前になってきた。当初予算はシーリング（概算要求の天井）があるので、数千億円単位の案件はハードルが上がるが、補正予算にはシーリングがないからだ。2022年度第2次補正予算を見ても、基金の新設や積み増しのために8・9兆円を計上している。

岸田文雄首相は基金を積極的に活用する理由として「財政の単年度主義の弊害是正」を主張している。しかし、これは公共事業費を余らせて、期末に慌てて使う現象を問題視するときに用いていた表現だ。今は「毎年国会で審議すると少しずつしか予算を取れないので、取れるときに取っておこう」という発想で使われている。そもそも基金を作るのを嫌がる人はいない。政治にとってはアピールにつながり、企業にとっては事業拡大のネタとなる。大学にとっては研究開発をテコ入れできる。異を唱えるのは財務省くらいではないか。

中長期的な政策のために基金を設置するのであれば、当初予算で計上すべきだ。補正予算や予備費で作る基金が必要なものかどうかを精査しなければならない。そのためには乱立ぎみの官民ファンドを巡って関係閣僚会議を設けているように、基金に関しても府省庁横断で状況をチェックした方がいい。今は所管官庁が国費投入額や執行額、返納額などを記した基金シートを作成し、政府の行政改革推進本部がそれをとりまとめているだけだ。一覧性のあるデータにして議論すれば透明性は増す。基金シートの作成については第三者を絡ませる仕組みも必要だ。

例外的な存在だった基金がもはや例外でなくなっているのに、あらゆる基金について規定する法律が存在しない。基金のあり方や運営に関する「基本法」を作って、関連する「白書」も作るべきだ。

大型の財政出動はいわばカンフル剤だ。これを数年間も打ち続ける必要があるのだろうか。景気回復期は大型の景気対策を打ち出すのではなく、財政出動を抑制して、財政再建にカジを切る必要がある。

1961年に始まった概算要求の仕組みは制度疲労を起こしている。シーリングを設けるのであれば、当初予算だけでなく、補正予算を含めて「5年で500兆円」といった複数年度にわたる基準を作って議論することを考えた方がいい。そうすれば補正予算で基金が乱立するといった動きを抑制できる。

番外編

防衛装備品、調達価格が上昇

C2輸送機、10年で単価1・5倍

政府は2022年12月、防衛費を2023年度から5年間で総額43兆円とし、2019～23年度計画の1・5倍超に増やすことを決めた。

どういった装備で防衛力強化を目指すのかがはっきりとしないなか、総額だけが打ち出され、その財源確保のために増税論議も巻き起こっている。「規模ありき」で議論が進む一方で、防衛装備品の高コスト構造が改善するどころか、悪化していることについてはあまり知られていない。

まず実例を見てみよう。

「より多くの貨物をより遠くまで」。航空自衛隊のホームページに「世界に誇るメイドインジャパンの輸送機」として紹介されている防衛装備品がある。川崎重工業などが製造するC2輸送機だ。物資や部隊を大量に運ぶ重要な機材で、離島防衛や災害派遣に活用している。1機あたりの調達価格は2011年度の166億円から2021年度（補正予算分）は257億円に跳ね上がっていた。10年で1・5倍だ。上空から潜水艦を探知するP1哨《しょう》戒《かい》機は契約初年度の2008年度は1機157億円で調達したが、2021年度（補正予算分）は243億円と1・5倍に値上がりしていた。「ヒトマル」と呼ばれる10式戦車も2010年度の9億5300万円に対し、2020年度は13億1300万円になっていた。

防衛省は各装備品の調達数と予算規模を毎年公表するが、購入単価は明らかにしていない。実態を探るために大幅な性能向上がなく、調達が続いている4つの主力装備品の調達価格について数カ月間取材を進めていたところ、ようやく防衛省が明かした。

少量・不定期で上がる単価

取材で見えてきたのは少量契約を不定期に繰り返す非効率な契約の慣行だ。政府は国

主要装備品の調達単価

装備品名	当初年度	直近年度	直近年度の単価（億円）	増減率（％）
C2輸送機	2011	2021補正	257	55
P1哨戒機	2008	2021補正	243	55
10式戦車	2010	2020	13	38
16式機動戦闘車	2016	2021	7	12
F35A戦闘機	2013	2022	96	▲31

（注）F35Aは米国製で、比較可能な年を記載。▲は減

内の防衛産業を守るため、一部の主力装備品の製造を国内企業に委託している。調達目標を5年ごとの中期防衛力整備計画（中期防）で定めているものの、具体的な契約年度や契約数は予算額や従来機の退役時期、優先度などを総合的に考慮し、毎年度決めている。中期防に示す調達目標は発注を保証するものではなく、あくまで目安だ。政府は2014年に「防衛装備移転三原則」を定め、「日本の安全保障に資する場合」など一定の条件をつけた上で、防衛装備品の海外輸出を解禁したが、実際にはほとんど実現していない。メーカー側からすると、自国向けの少量生産を前提とせざるを得ない。

こうした慣行が調達価格にどんな影響を及ぼすのか。C2輸送機のケースで見てみると分かりやすい。防衛省は2011年度に4機を調達する契約を結んだが、その後は各年度0〜3機とばらつき、2021年度は当初予

算と補正予算で各1機を調達するだけにとどまった。メーカー側は翌年度以降に何機受注できるか分からないため、受注数の変動に合わせて生産設備や雇用人員を変更することができない。その結果、受注数にかかわらず一定の維持費がかかり、結果的に無駄になった分も価格に転嫁される。

不定期発注の影響は部品納入業者にも及ぶ。「国産装備品」と言っても、構成する部品の多くは輸入に頼っているのが実情だ。取り扱う業者は市場価格や為替レートを考慮し、安い時期にまとめて仕入れておけばコストを削減できるが、少量の不定期発注が前提だと、そもそもどれだけ必要になるかが分からない。複合部品を手がける大阪府内の企業の社員は「在庫を抱えるリスクがあるので、まとめ買いができない」と語った。関西地方の別の防衛関連企業では、部品を輸入する米国企業から突然「次回納入分から単価を10倍以上にする」と通告されたという話を耳にした。

財務省が2019~20年に国産防衛装備品の部品価格を調べたところ、C2輸送機向けの油圧系統部品は2019年度までの8年間に調達価格が4・1倍上昇していた。特に輸入品の値上がりが顕著で、完成品の価格をさらに押し上げる。

実は大型の防衛装備品に定価はない。防衛省はメーカー側に必ず利益が出るよう、部

調達価格高騰の流れ

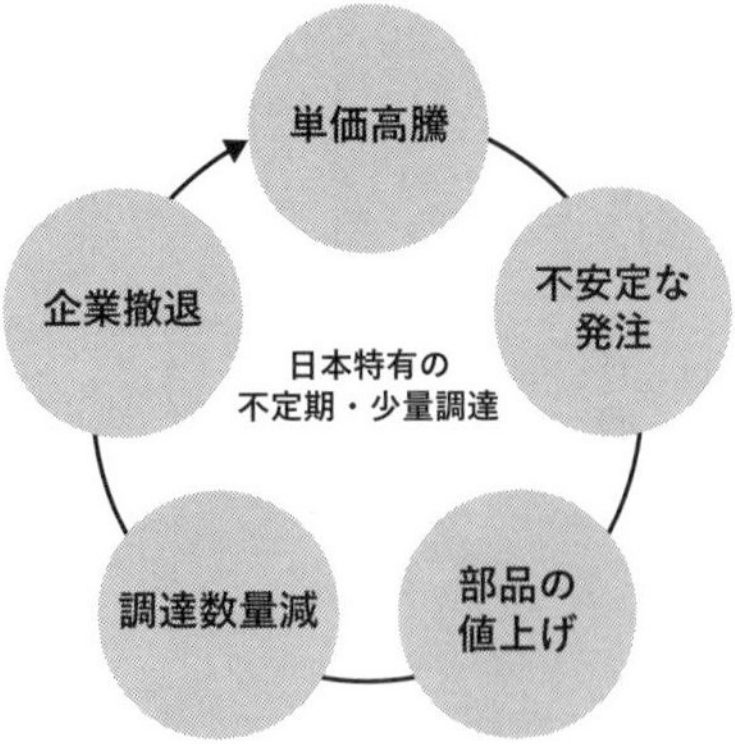

品や工賃などの原価を積み上げた上で、一定の利益を上乗せする「原価計算方式」を採用している。一方で企業は受注数が変動しても、常に人員を確保しなければならず、全体として割に合わないケースも少なくないという。２０００年代以降、三井Ｅ＆Ｓ造船やダイセルなど装備品からの撤退が相次ぐのはそのためだ。

　ある撤退企業の部門責任者は「国を支える意味でも長年協力してきたが、受注数が不安定で、負担が重かった」と振り返った。

　撤退企業の穴を別の企業が埋める場合、新たに必要となる設備投資の費用は国が全額負担する。財務省によると、Ｐ１向け部品のメーカー交代で生じた追加負担は２００８年度以降で計３３４億円。防衛産業に関わる国内企業では、売上全体に占める防衛関連の売り上げの割合が４％程度と低く、利益率も低い。ある防衛関連企業の社員は「株主からの風当たりも強まっている」と打ち明ける。

調達後も重い維持費

防衛装備品にかかるコストを考える上で調達価格とともに重要なのが、調達後のランニングコストだ。構想段階から廃棄までにかかる費用全体を捉える「ライフサイクルコスト（LCC）」という考え方がある。防衛省は2015年度以降、一部の防衛装備品のLCCを公表している。防衛省の公表資料を使い、重点装備品22品目のうち、購入費と維持費が比較できる16品目について調べてみると、12品目で維持費が購入費を上回っていた。

例えば、米国製の無人偵察機「グローバルホーク」は3機を調達するために613億円をかけたが、20年後の退役までに要する維持費は2951億円を見込む。購入費の4・81倍に相当する。相手のミサイル発射を阻むため、射程圏外から妨害電波を出す「スタンド・オフ電子戦機」の調達価格は4機で計1849億円なのに対し、維持費は30年間で8446億円となる見通しだ。

一方、米国から購入する装備品は単価が大幅に下がる例もある。最新鋭戦闘機F35A

は２０１６年度に１機あたり１７９億円で調達したが、２０２２年度は96億円まで値下がりした。米国は世界各国向けに大量販売をしており、スケールメリットによって生産コストを抑えられたためだ。

米政府はＦ35Ａを製造する米ロッキード・マーチンとの間で複数年度にわたる調達契約を結び、まとめ買いをすることでコスト削減を同社に求める。さらに、契約時の条件を上回るコストカットに成功すれば、大きなインセンティブを与える契約とし、企業側に努力を促す。ドイツや英国、フランスなど欧州では、共同で企業と長期契約を結び、同様にまとめ買いにより単価上昇を抑制している。

もっとも日本でも、最長10年間の装備品契約を可能にする特別措置法が２０１５年に施行され、一部の防衛装備品でまとめ買いがなされている。防衛省は同年にＰ１を20機分まとめて発注し、１機１８７億円に単価を抑えた。ところが多額の将来負担が固定化する長期契約に批判が出たため、２０２０年度から従来通りの毎年度契約に戻し、再び単価は上昇した。昨今の円安やインフレの影響も追い打ちをかける。安全保障の議論を深めてこなかったため調達方針がいまだ定まらず、無駄を生み出す温床となっている。

過去最多の予算、上限ない事項要求も

ここにきて防衛費全体を不透明にしているのが、具体的な必要額を示さない「事項要求」の乱発だ。防衛省は２０２３年度予算の概算要求で過去最大の５兆５９４７億円を計上した上で、90以上の事項要求を盛り込んだ。実質的に青天井の予算と言える。この中には、敵の射程圏外からでも攻撃できるスタンド・オフ・ミサイルなど「敵基地攻撃能力（反撃能力）」の強化に関連する予算要求も含まれる。

防衛装備庁ＯＢで、管理会計学を専門とする秀明大の本間正人准教授は「大幅な仕様変更がなく、国として調達方針が固まっている大型装備品については、できるだけ長期契約にすべきだ」と指摘。調達コストを下げ、ほかの必要な設備や弾薬など消耗品に予算を振り向けるべきだと考えている。

第3章 特別会計、今も「離れですき焼き」

1　コメ減収補塡に「必要ない予算」温存

防衛費の財源候補に浮上

2022年末、防衛力強化に向け、今後5年間で総額43兆円とする防衛費の財源確保を巡って議論が白熱するなか、国のある〝財布〟が候補として急浮上した。

財政の専門家が「独立王国」と言う特別会計だ。防衛費の財源として狙うのは特会の歳入から歳出を引いた剰余金だった。特会によっては年間数兆円に上る。すでに剰余金の一部を一般会計に繰り入れている特会はあるが、この繰り入れを増額しようという考えだ。

特会と言えば、2003年の国会で当時の塩川正十郎財務相が「母屋ではおかゆを食ってけちけち節約しておるのに、離れ座敷で子どもがすき焼きを食っておる」と語ったのが有名だ。財政削減を進める一般会計を「母屋でおかゆ」、予算が潤沢にある特会を「離れですき焼き」と例えた。今は財政規律が緩んだ一般会計も「すき焼き」を食べている状態だが、当時はこのような表現で特会改革を訴えたのだった。

特会は特定の事業や資金の経理を明確にするという理由で、一般会計と区別して管理す

特別会計の数の推移

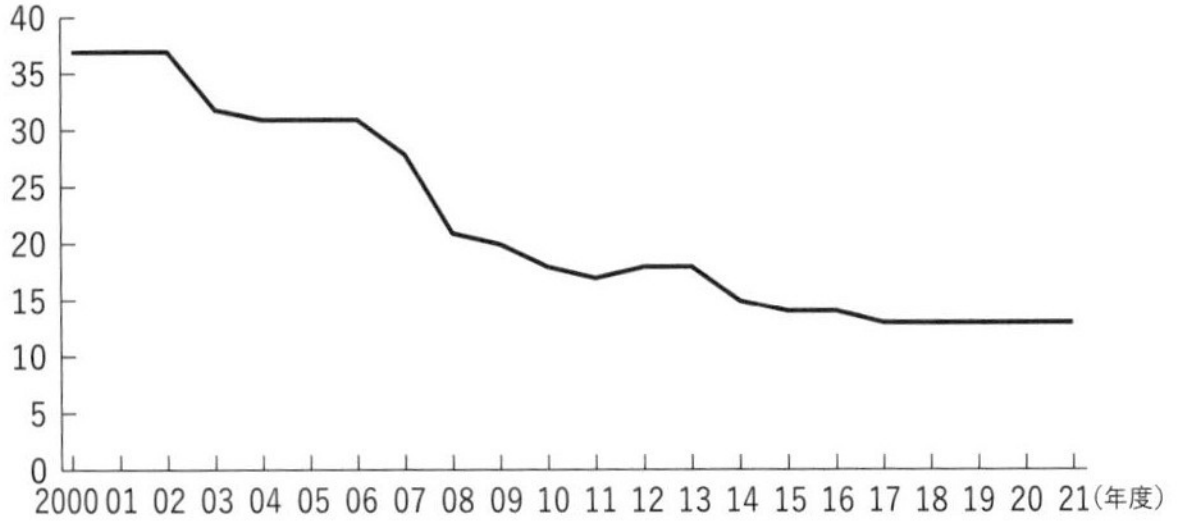

（注）年度末時点

る。保険や年金、国の債務管理など今は13の特会が存在する。各省庁が管理するため資金をため込みがちな上、出入りが複雑で無駄が生じやすいとされる。

塩川財務相の発言以降、２００７年に特別会計法が施行され、31あった特会の統廃合が進み、財政効率は改善に向かったとされる。

だが、今も「離れですき焼き」が残っているのではないか。取材班が調べ始めたのはそうした疑念を抱いたからだった。

決算データから見えてくる予算編成の実態

財務省の「予算書・決算書データベース」（https://www.bb.mof.go.jp/hdocs/bxsselect.html）の分析から始めた。国の一般会計と特会の各年度の予算書や決算書、その参照資料などを閲覧でき、１９４７年度まで遡ることができる。

着目したのは決算書だ。国や都道府県などの行政機関が予算案を発表すると、大きく報道されることが多い。税金が今後、どのように使われるのか、新たな政策が私たちの生活にどんな影響を与えるのかを知る上で重要な情報だからだ。これに対し、税金が実際にいくら使われ、いくら余ったのかを示す決算は関心が低く、監視が緩いとの指摘もある。決算が重視される民間企業とは対照的だ。

1年分で400ページ超に及ぶ国の決算書の参照書には、特会ごとに最小単位の費目まで記載しており、それぞれで予算額や実際の支出額、不測の事態などで予算を消化できずに翌年度に回す「繰越額」、結果的に必要がなかったとされた「不用額」などの金額を1円単位まで確認できる。このデータをつぶさに見ていくと、複数の特会で実際の支出額に見合わない過剰な予算編成を繰り返す実態が見えてきた。

実需の238倍超の予算を温存

644億円の予算に対し、使ったのはわずか2億7000万円――。2020年度に、実に需要の238倍もの経費を用意していた事業が農林水産省の特会にあった。

ナラシ対策の予算と米価

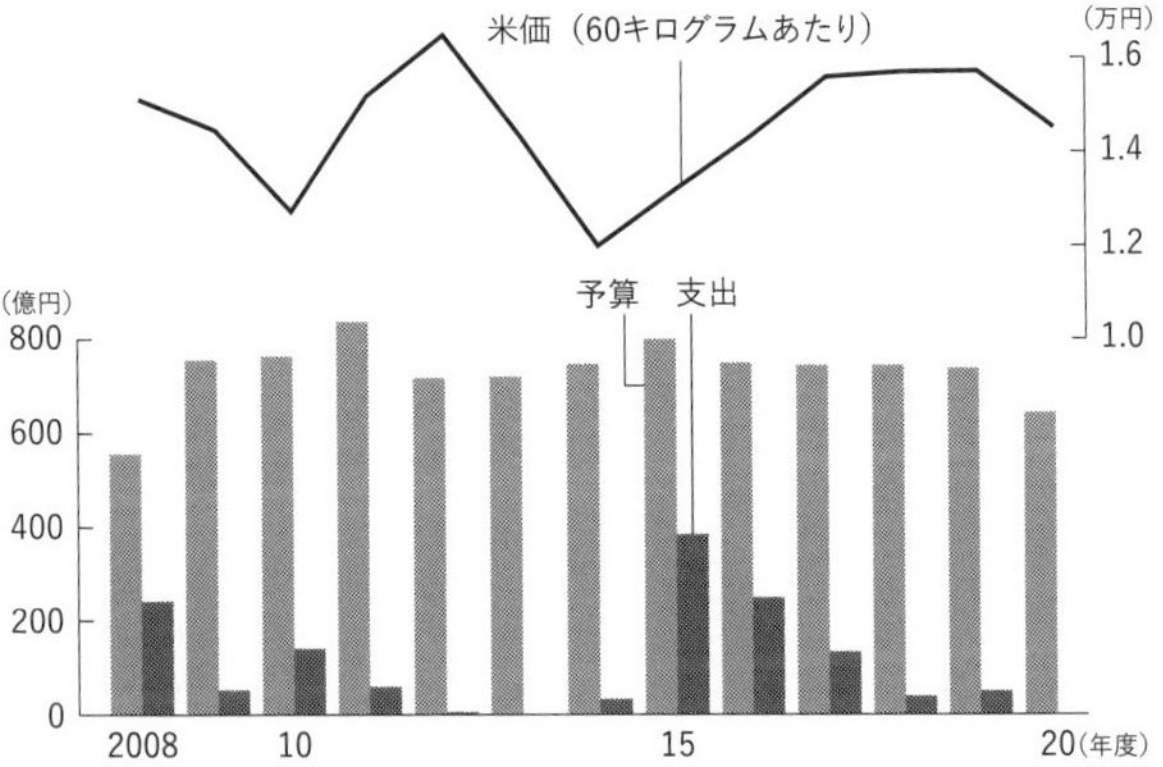

(出所)農水省と財務省の資料

コメなどの価格が下落したときに農家の減収を補塡する「米・畑作物の収入減少影響緩和交付金」(通称・ナラシ対策)。市区町村から認定を受けるなどしたコメ、麦、大豆、テンサイ、デンプン原料用バレイショの5種類を作る農家が対象となる。

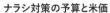

減収補塡の仕組みはこうだ。まずは地域、品目ごとに過去5年の収入額のうち、最高額と最低額を除いた3年間の平均収入を算出し、これを「標準的収入額」とする。そこから当年の収入額を引いた減収分の9割を農家ごとに補塡する。補塡される減収幅は2割が上限となる。

この交付金では補塡額を算出するときに使う標準的収入額と当年収入額が地域単位で算出される。農家Aさんの収入が減っていなくても地域全体の収入が減っていれば、Aさんも補塡を受けられる。逆にAさんの収入が減っても、地域全体の収入が減少していなければAさんは補塡を受けられない。

減収補塡の財源は4分の3が国費、4分の1が農家の積立金だ。国費は農水省が所管する食料安定供給特会から支出される。

交付金の支払いが始まった2008～20年度の決算データを調べると、この間に計953億円の予算を組んだものの、支出がわずか平均15％だったことが明らかになった。各年度555億～838億円の予算を用意しているのに対し、支出は累計でも1408億円。執行率が最低だった2013年度は予算721億円のうち使ったのは1億4000万円。実需の500倍超の国費を用意していた格好だ。支出額が最大の2015年度でも執行率は48％にとどまった。

コメ政策が二転三転

なぜこんな事態になっているのか。農水省OBを訪ね歩いたり、文献にあたったりして背景を探ると一貫性のない国のコメ政策が要因であることが分かってきた。

まずは日本のコメ政策を簡単に振り返りたい。かつてコメは国内で自給できず、輸入に頼

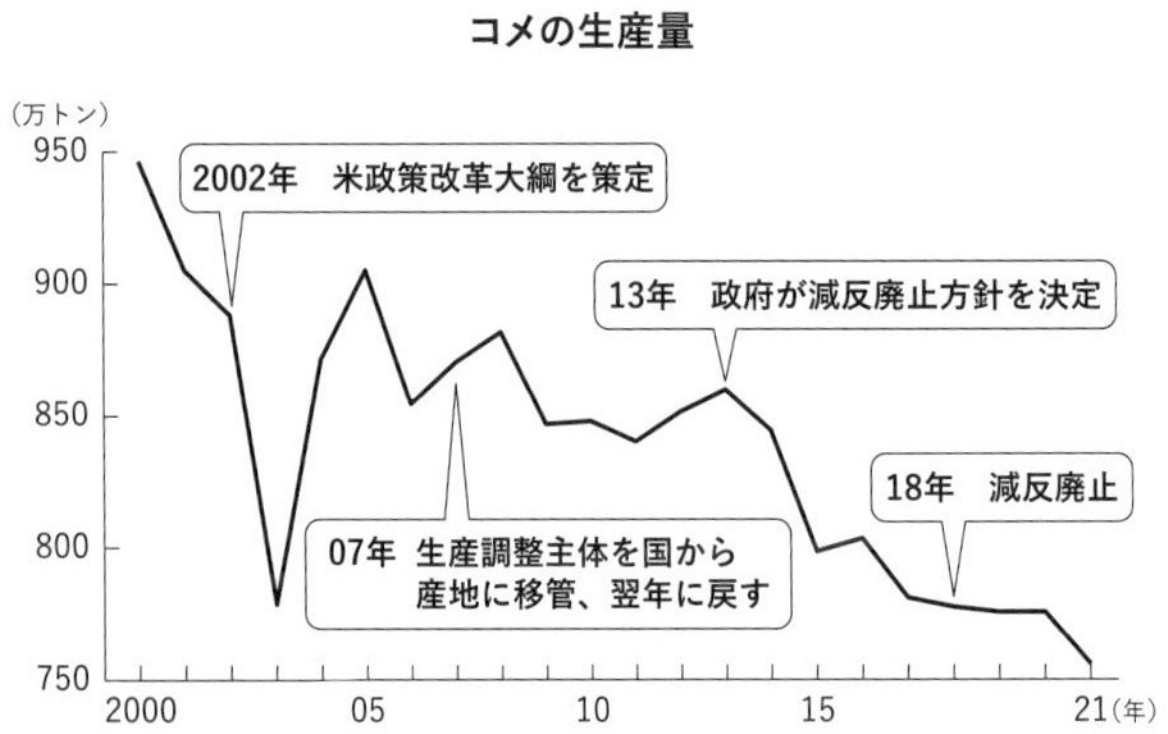

(出所) 農水省の資料。飼料用除く

らざるを得ない時期があった。戦後、生産量を増大し、1967年にコメの自給を達成する。しかし、この頃から食生活の変化などでコメが余るようになる。

国は1970年、コメの過剰生産を抑え、価格を維持するために生産量を調整する減反政策を始めた。国が都道府県別に生産量を決め、農業協同組合(JA)などが農家ごとの生産量を割り当てる政策で、2018年まで続いた。米価急落を抑える効果はあるものの、競争力のある農家の自主経営を阻害するとも指摘されてきた。

国は2002年、「コメを取り巻く環境の変化に対応し、消費者重視・市場重視の考え方に立って、需要に即応したコメづくりの推進を通じて水田農業経営の安定と発展を図る」とする米政策改革大綱を決定する。2007年にコメの生産量の決定主体を国から農業者団体などに移管し、減反政策を事実上、廃止した。この時、米価下落を見越して、従来制度から対象範囲を拡大して始まったのがナラシ対策だった。制度設計に関わった農水省の事務次官経験者は「ナラシ対策は米価が下落しなければ発動しないから、米価が下落する前提の政策だった」と証言する。

実際、減反をやめた2007年の米価は1万4164円（60kgあたり）と前年から7％下落する。ところが、農家から反発が起きたため、国はすぐに生産調整の主体を国に戻し、減反政策を復活させた。こうしてナラシ対策で米価下落に備えつつ、減反で米価の維持に努めるという矛盾した状態が生まれた。別の農水省元幹部は「農水省には米価安定が一番重要だと考える役人と、米価はマーケットで決まるものだと考える役人がいる。その結果、両方の立場に配慮した中途半端な政策を取らざるを得なくなる」と内情を明かした。

余った予算は特会内で繰り越し

政策が二転三転した結果、塩漬けになった予算はどうなるのか。

必要がなかった予算は決算で「不用額」とされる。一般会計では国庫に戻し、翌年度に別の政策の財源となる。だが、特会の場合は同じ特会で翌年度の歳入となることが多く、この交付金も特会内で翌年度に繰り越している。大半の年度で繰り越し分を超える予算を組んでいるため、その分は一般会計から繰り入れて補っている。２００８〜20年度に一般会計から回した額は計約２４００億円に上った。それだけほかの政策に国費を充てる余地が狭まったことになる。

農水省はこうした過剰な予算編成をどう考えているのか。農産局経営安定対策室長は「ナラシ対策は保険的な制度だ。コメ、麦、大豆など対象品目が5つある。価格が下落したときにしっかりと支払える残高を持っておく必要がある」と説明した。減収補塡の財源が国費4分の3、農家積立金4分の1であることから、国は農家の積立金の3倍にあたる金額を用意しているとし、「過去の支出がこのくらいだったからこの程度、という予算の持ち方はしていない。今後、価格が急落する可能性はある。国が十分な金額を積み立てないと農業者は不安になる」と強調した。

これに対し、一橋大の佐藤主光教授は「緊急時の対応であれば、予備費や補正予算を求めればいい。特会は一般会計に比べて予算の立て方が甘い」と指摘した。

農家の減収補塡制度は乱立している

事業名	内　容	2020年度の予算額
ナラシ対策	コメや麦の価格下落による収入減を補塡。2割の減収が補塡の上限	644億円
農業共済	コメや麦、果樹の収穫量が自然災害で減少したことによる減収を補塡	883
野菜価格安定制度	指定野菜などの平均販売価格が基準の9割を下回ると差額の9割を補塡	108
収入保険	価格下落や自然災害で収入が基準の9割を下回ると差額の9割を補塡	216

（注）補正予算含む。出所は農水省資料や行政事業レビューシート

交付金を温存しつつ類似制度を新設

この交付金制度を巡る矛盾はこれだけにとどまらず、減収補塡の制度全体にも及ぶ。

国は2019年、交付金制度を温存しながら類似の収入保険を新設した。全国農業共済組合連合会が手がけ、農作物の価格下落だけでなく、自然災害や農家のけが、取引先の倒産、盗難といったリスクにも対応する。青色申告をしている農家が対象で、農家ごとにすべての農作物の販売収入をカバーする。対象をコメなど5品目に限り、価格下落だけに備える交付金とは大きく異なる。保険期間の収入が基準収入（過去5年の平均）を下回ると、最大で差額の9割を補塡する。農家は保険料と積立金を支払って加入する。この保険料の2分の1や積立金の4分の3が国費で賄われており、2020年度は

216億円を投じた。

交付金制度と収入保険の両方に国費が注がれているため、農家は両方の制度に入ることはできない。

秋田県大仙市でコメや転作の大豆、野菜を育てる農事組合法人は2019年に交付金制度から収入保険に乗り換えた。同法人の代表は「売上全体を考えるとコメと大豆だけでなく、野菜も保険の対象になる方が安全だ。周りでも収入保険に移る人は多い」と話した。

収入保険の加入者は2021年度末で約7万6000件まで増加。交付金制度の認定農家数はピークの2015年度は約10万8000件だったが、2020年度には約7万6000件まで減り、収入保険と同水準となった。農政に詳しい宮城大の大泉一貫《かずぬき》名誉教授は「交付金制度も収入保険も同じ減収補塡だ。予算が余る交付金を惰性で続けず、収入保険に統一すべきだ。農水省の対策は多すぎて農家も何が何だか分からない状況になっている」と訴える。

減収補塡の制度はナラシ対策や収入保険だけでなく、過去に充実させたものが残っている。自然災害によってコメや麦、果樹、畑作物の収穫量が減少したときに、過去の平均収穫量とその年の収穫量との差の最大9割に補償単価を乗じた金額を補償する農業共済。キャベツやキュウリ、タマネギなど指定野菜の平均販売価格が基準価格の9割を下回ると差額の9

割を補塡する基金による野菜価格安定制度などだ。こうした制度の重複は無駄な予算措置を招き、農業の構造改革を遅らせる一因にもなる。

2 エネ特会、脱炭素に回らず

新素材の「快適衣服」でCO_2を削減？

前節で見たように、コメの減収補塡交付金の実態を調べるときに参考にした指標は決算で必要なかったと判断された「不用額」だった。同様の事例を探すために、13ある特別会計を網羅的に調べることにした。分析対象は2000年代の特会改革が一巡した2014年度から、取材時点で公開されていた2020年度までとした。

財務省の「予算書・決算書データベース」は2011年度以降、コンピューターによる加工・分析に適した「CSVファイル」の形式で公開している。

取材班にはプログラミング言語「Python（パイソン）」を使ったデータ分析を得意と

する記者がいる。煩雑かつ膨大なデータを加工して費目ごとに歳出予算額や不用額、不用率を一覧できるかたちに整えた。

詳しく見ていくと、脱炭素に向けた事業や燃料の安定供給に充てるエネルギー対策特別会計や東日本大震災復興特会で予算が滞留し、しかも巨額の資金を持て余した結果、効果が不透明な事業に資金をつぎ込んでいるケースが次々と見つかった。

「本事業は空調負荷の低減と快適環境の維持の両者を満たすことのできる革新的な新素材・スマートテキスタイルを創出し、快適な衣服として活用・実用化することで空調等の適正利用につなげ、二酸化炭素（CO_2）排出量を削減することを目的とする」

これは、環境省が2018年度に地球温暖化対策の一環として始めたエネルギー対策特会の事業。各省庁が事業ごとに予算の支出状況や成果目標などをまとめた行政事業レビューシートにこのような事業目的が記されていた。着ていると涼しくなる衣服を開発することで空調の利用を抑え、CO_2排出量を減らすということだろう。公募の結果、東レに年間2億円で快適素材・衣服の開発と効果の検証を委託した。

ところが、2020年度の行政事業レビューで有識者から思わぬ指摘を受ける。「『CO_2排出削減に寄与する』という政策目的を達成するために定量的に事業効果を分析し、寄与する見込みが立っている状況にあるのか極めて疑問だ」

さらに委託先が東レであることを踏まえ「大企業1社に対する委託事業であり、個社が将来裨益《ひえき》（受益の意味）するであろう分野に国費を投入する妥当性があるのか。仮にあったとしても、民間企業への裨益等も勘案して補助事業として実施すべきではないか」との意見が出た。

環境省は2021年度も予算を要求したが、機能性衣服などがすでに市場に出回っていることを理由に財務省が認めず、打ち切りとなった。2020年度までの3年間に6億円弱の国費が費やされた。

環境省の苦しい説明

環境省地球温暖化対策事業室の室長補佐に、3年間で成果はあったのかを聞いた。室長補佐は「衣服の素材がポリエステルとナイロンに確定した。着心地や蒸れ感は一定の数値で評価を満たす形ができた。国費が入っているので東レも素材をしっかりとほかの事業者に展開すると言っている」と強調する。だが、現状はどうなっているのかを問うと「国が事業をしていたら詳しく聞けるのだが……」と口をにごした。

行政事業レビューシートを見ると、成果目標の欄に「2030年度までにCO_2を261・1万トン削減する」とある。どうやって効果を測定するのか。室長補佐は「衣服が売れた時のエアコンの電力使用量だ」という。本当に効果を測れるのか。「今年度のエアコンの電力使用量と衣服が広まった時の電力使用量を測って効果を比較できる」

非常に苦しい説明だ。この説明であれば、エアコンが稼働しているフロアにいる全員がこの衣服を着ていないと正確な効果は測れない。エアコン自体の省エネ性能も向上する。そもそも何年も先にこの事業の効果を検証しようと考える職員がいるのだろうか。効果検証は極めて困難だと思えた。最後にこの事業が妥当だったのか尋ねると、室長補佐は失笑した後、こう答えた。「妥当だったと思っている。事業当初とは時代が変わった」

脱炭素に「便乗」した事業も

脱炭素の「便乗」とみられる事例もある。新型コロナウイルスの流行を受け、環境省が総務、文部科学両省と連携して2021年度に始めた実証事業。殺菌力が強い深紫外線の発光ダイオード（LED）や省エネ型空調・換気システムの開発を総務省所管の国立研究開発法人、情報通信研究機構などに委託した。環境省地球温暖化対策事業室は「CO_2削減と感染症対策をあわせてやる」と強調するが、目的は曖昧だ。2021年度は28億円を用意したが、利用は9億円にとどまった。

行政事業レビューシートでほかの事業を調べると、避難施設や防災拠点施設に再生可能エネルギーや畜エネルギーシステムを導入する費用の一部を補助する環境省の事業も主目的が防災なのかCO_2削減なのか分かりにくい。2019年度は243億円に対して執行は67億円、2020年度も145億円に対して109億円の執行だった。

これらはエネ特会に3つある勘定のひとつ、エネルギー需給勘定の支出だ。同勘定は脱炭素の取り込みやエネルギー源の多様化、燃料の安定供給に予算を充てる。この勘定内のエネルギー需給構造高度化対策費を脱炭素事業に使うことになっている。

財務省のデータベースでこの需給構造高度化対策費の予算額や支出額、不用額を調べた。2014～20年度は4269億～7448億円の予算を組んでいたのに対し、支出額は3031億～4794億円にとどまっていた。不用額は520億～1265億円に上り、不用率は11・9～24・1％で推移していた。ほかの費用を含めたエネルギー需給勘定全体では不用率が5・7～13・5％だった。一般会計の不用率はこの間、1・4～2・1％なので、その高さが際立つ。

エネルギー対策特会・エネルギー需給勘定の不用額と不用率の推移

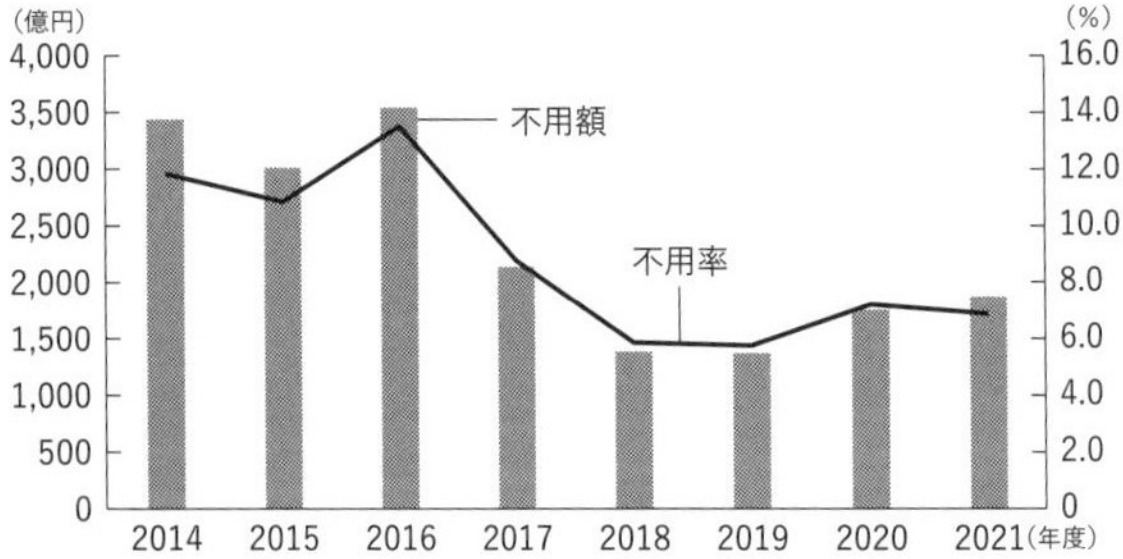

(出所)財務省のデータベース

エネルギー需給勘定の財源は石油石炭税だ。原油や石炭に課税し、使途は脱炭素の関連事業や燃料の安定供給に限っている。一般会計を通してエネルギー需給勘定に入り、予算執行が追いつかなくても毎年度新たな資金が注がれる仕組みになっている。

過剰な予算が無駄な事業を生み、需要がないから資金が余る。この悪循環を断たず、一般会計から新たな資金が入るため、資金余剰が解消しない。

エネ特会を所管する資源エネルギー庁総務課は「不用額が出たら一般会計からの受け入れを減らしている」と説明するが、慶応大の土居丈朗教授はこう指摘する。「エネ特会では事業内容が目的と合致しない緊張感のない支出が散見される。資金が入ってくると使わなければいけないという心理が働き、規律を欠いた事業が生まれる構図になっている」

復興特会、被災地の実態とズレ

事業の精査が必要なのはエネ特会だけではない。東日本大震災被災地の復興に使う目的で2012年度に創設された東日本大震災復興特会も同じだ。

2014～20年度の不用額は年平均4465億円で、予算総額に占める不用率は平均11％に上る。分析したデータを詳しく見ると、被災地の私立学校の運営費を補助する文部科学省の事業で、この間の平均不用率が9割近くに達していた。

「被災地の実態を十分に調べて予算を組んでいなかった」。文科省で取材に対応した私学助成課の係長は認めた。この事業は私立の幼稚園から高校までの学校の人件費や事務用品購入費などを補助する。同課によると、被災私立校790校のほぼすべてが2017年度までに復旧し、2020年度時点で福島県内の幼稚園6園が残っていた。ところが、このうち5園は復旧のメドが立っていないのに予算を確保していた。その結果、20年度は1億円強の予算に対し、支出はわずか10万円にとどまった。

なぜこれほどの乖離《かいり》が生じるのか。係長は「6園は休園中だが、福島の元の場所で再開する意思があるということで予算を確保していた。予算を減らすと復興支援を緩めたと誤解を招くと考えた」と釈明した。この事業は２０１４～20年度に総額6億７０００万円の予算を組んだが、不用率は平均88％と資金が余ることが常態化していた。係長は「当然のことだとは思うが、学校側に当面の予定を毎年確認するようにした」と説明する。２０２１年度から復旧のメドが立った時点で予算計上するように改めた。

予算措置と復興実態のズレはほかにもある。東京電力福島第1原子力発電所事故による避難者の帰還を支援する福島再生加速化交付金は２０１４～20年度に計７０１９億円の予算を充てたが、不用率は平均16％だった。

復興庁原子力災害復興班は「想定より帰還が進まなかった」という。放射線廃棄物処理の補助金もこの7年間の平均不用額は61億円、不用率は72％だった。

復興特会について支出の最小単位である費目まで調べた結果、２０１４～20年度に毎年予算が付いていた２３１費目のうち、7年間に一度も使われなかったのは養殖施設の災害復旧補助金など9費目あった。不用率が平均で5割を超えたのは社会福祉施設の災害復旧補助金など65費目に上っていた。

主な財源は復興増税の対象となった所得税や法人税だ。土居教授は「実態に合わせて使うべきだ。予算を過大に盛ることが被災者のためになるわけではない」と訴える。予算規模は復興の進捗に伴って年々減っているが、復興実態に合わない予算が今も残っている。

3 特会にも巨額予備費

外為特会では26年間、一度も使われず

「予備費　不用額3000億円」

2021年度の外国為替資金特別会計の決算書にこう記されている。予算計上された予備費の全額が、必要がなかった「不用額」とされていることがわかる。外為特会の決算書を1年ずつ遡っていくと全額が不用額となっている年が続く。最後に予備費を支出したのは1995年度の740億円だった。26年間、一度も使われていないということになる。この間、外為特会には毎年度3000億～4500億円の予備費が積まれていた。

第1章で見てきたように、予備費は自然災害や急激な景気変動など不測の事態に国が柔軟に対応できるよう、使い道を定めずに予算計上する費用だ。使い道に事前の議決が義務づけ

られている一般の政策経費と異なり、国会の監視が働きにくいとの批判もある。外為特会で26年間、予備費を使うほどの不測の事態が起きていないことになる。年間数千億円という予備費の規模は適切なのか。

金利上昇、二重に備え

外為特会は為替介入のための外貨準備を管理する。急激な円安を受け、政府・日銀が２０２２年秋に円買い・ドル売り介入を実施した際にその存在が注目された。

だが、これまでは円安誘導の円売り・ドル買い介入がメインだった。手元に円がないので政府短期証券（ＦＢ）を発行して売るための円を調達。その結果、ＦＢ残高は２０２１年度末で約１１５兆円まで膨らみ、

2021年度の特別会計の歳出額

特会	歳出額
交付税及び譲与税配付金	53兆6,319億円
地震再保険	1,290
国債整理基金	236兆6,231
外国為替資金	1,770
財政投融資	35兆3,459
エネルギー対策	10兆9,142
労働保険	8兆6,103
年金	92兆7,247
食料安定供給	9,134
国有林野事業債務管理	3,603
特許	1,438
自動車安全	3,948
東日本大震災復興	1兆1,123

（注）決算ベース。出所は財務省の資料

円を売って得た外貨準備は2021年度末時点で150兆円超になっている。

これを売却してFBを償還しないのか。財務省為替市場課資金管理室は「FB償還のために外貨を売って円を調達すると、円買い・ドル売り介入をしたことになる」と否定する。

代わりに償還期限が来るたびに新たにFBを発行して返済しており、借金を返すために借金をする状態が続く。マイナス金利政策でこの借り換えには2016年度から利払いが生じていないが、金利が上昇すれば借り換えの際に利払いリスクを抱えることになる。

このリスクに備えるのが予備費なのだという。資金管理室の課長補佐は「金利が上昇した時を想定して予備費を積んでいる。言い方が適切か分からないが、保険をかけているようなものだ。金利上昇が起きておらず、使わずに済んでいる」と語る。予備費3000億円の根拠を問うと「FB残高に対して金利の上昇を見込んだ金額」と答えたが、どれくらいの金利上昇を見込んでいるかは公表していないという。

実は外為特会はFBの償還に関して金利上昇を想定した歳出予算を組んでいる。ここ数年は金利0・3%を見込んでいるという。実際は2016年度からマイナス金利政策で利払いが生じていないので、2021年度は利払いのために5000億円強の歳出予算を組んだが、ほぼ全額が不用額となった。

外為特会の予備費は1997～2006年度に毎年度4500億円を計上していたが、財務省内で「積みすぎた」との指摘があり、3000億円に減額した経緯がある。金利上昇に対して二重に備えたものの、2021年度は予備費と合わせて計8000億円以上が不用額となった。この規模が適切なのか検証が欠かせない。

予備費は「枠」ではなく、歳入必要

外為特会は一例に過ぎない。財務省の「予算書・決算書データベース」で分析すると、13特会のうち国の借金を管理する国債整理基金と国有林野事業債務管理の2特会を除く11特会に予備費が存在していた。同じ特会内でも事業の性質が異なる場合、「勘定」という単位で経理を分けている。勘定は13特会で計26に上り、ほとんどに予備費が存在するため、その費目数は20を超える。

2000年代の特会改革による統廃合が一巡した2014～21年度の各特会の予備費を見ると、毎年度計7600億～8300億円の予算を組んでいた。2021年度は前年度比5%増の8352億円。これは新型コロナウイルス対策で巨額の予備費を用意し始める前の一般会計を上回る水準だ。

特別会計の主な予備費
（2021年度の補正後予算）

特別会計	予備費	利用率
外国為替資金	3,000億円	ゼロ
年金	2,104	ゼロ
食料安定供給	1,071	ゼロ
財政投融資	700	ゼロ
労働保険	615	ゼロ
東日本大震災復興	500	ゼロ
エネルギー対策	328	98%
交付税及び譲与税配付金	26	ゼロ

（出所）財務省の資料

予備費は必要な時に資金を調達するための「枠」ではなく、それに対応する歳入を確保して予算計上する。特会の予備費も一般会計からの繰り入れや保険料、借入金などの収入を裏付けとする。予備費が大きくなれば国民負担や国の借金も膨らむ一因となる。

8年間で利用は平均２％

問題は予備費の活用実績がほとんどないことだ。

２０１４～18年度は、すべての特会で使用がゼロだった。２０１９、20年度は労働保険特会がコロナ対策の雇用調整助成金の支給などで計９７０億円を支出した。２０２１年度はエネルギー対策特会がエネルギー価格の高騰を受けて始めたガソリン補助金で３２３億円を使ったが、利用したのはこれらの事例にとどまる。

２０１４～21年度に使ったのは平均で予算の２％で、同じ期間に一般会計が平均65％を使用していたのと比べると利用率の低さが際立っている。各年度の不用額は７３００億～

8300億円に上っていた。

過大に積んだ予備費は、特会全体の不用額を押し上げる要因にもなる。予備費がある11特会の不用額を調べると、2014〜21年度は7兆5000億〜15兆円で平均11兆円強だった。歳出予算に占める不用率は平均5・4%で、一般会計の3倍だった。

不用額は一般会計なら国庫に戻り、翌年度以降にほかの政策の経費に充てられることになるが、特会の場合は翌年度の歳入に繰り越したり、積立金に回したりして特会内で資金が滞留した状態になっている。資金が塩漬けになると、予算の硬直化を招き、必要な事業に国費が回りにくくなる弊害が生まれる。企業であれば多額の資金を無駄に眠らせて有効活用しなければ株主から批判されることになる。

予算が余っているのに多額の予備費計上

毎年度予算を余らせながら多額の予備費を計上するケースもある。

東日本大震災復興特会は2014〜21年度の不用額が平均4093億円。復興が進むとともに予算規模が小さくなり不用額自体も減っているが、不用率は8・6〜14・8%で推移。毎年度1割前後の予算が不用額として処理される一方、当初予算で1500億〜6000億円の予備費を組んでいる。最終的には500億～1500億円に減額補正されているが、この全額が不用額となっている。

予備費を確保する必要性はあるのだろうか。復興庁予算会計企画班は「予備費を積んでおかないと何か起きたときに対応できない」と主張する。復興特会では予算が余っている状態が続いているが、「予備費で使わない分は補正で減額し、過大になりすぎないようにしている。復興のハード事業が終わっていくなか、不測の事態も起きにくくなっているが、復興事業を止めるわけにはいかないので予備費を計上している」という。

省庁の使い勝手がよい「財布」

特会は各省庁に管理権限があるため、使い勝手のよい「財布」のようになって無駄が生じやすい。共通するのは、外部環境の変化にかかわらず前例踏襲を繰り返していることだ。予備費が余っても翌年度に同水準の予算を計上することが常態化している。財務省法規課は「特会は特定目的のために区分経理している。予備費は予見しがたい事態に使った例がある。過大との指摘はあるかもしれないが、必要額を措置している」と主張する。

新型コロナ対策などを名目に一般会計で予備費が膨らみ、2020～21年度は計15兆

予備費と利用率

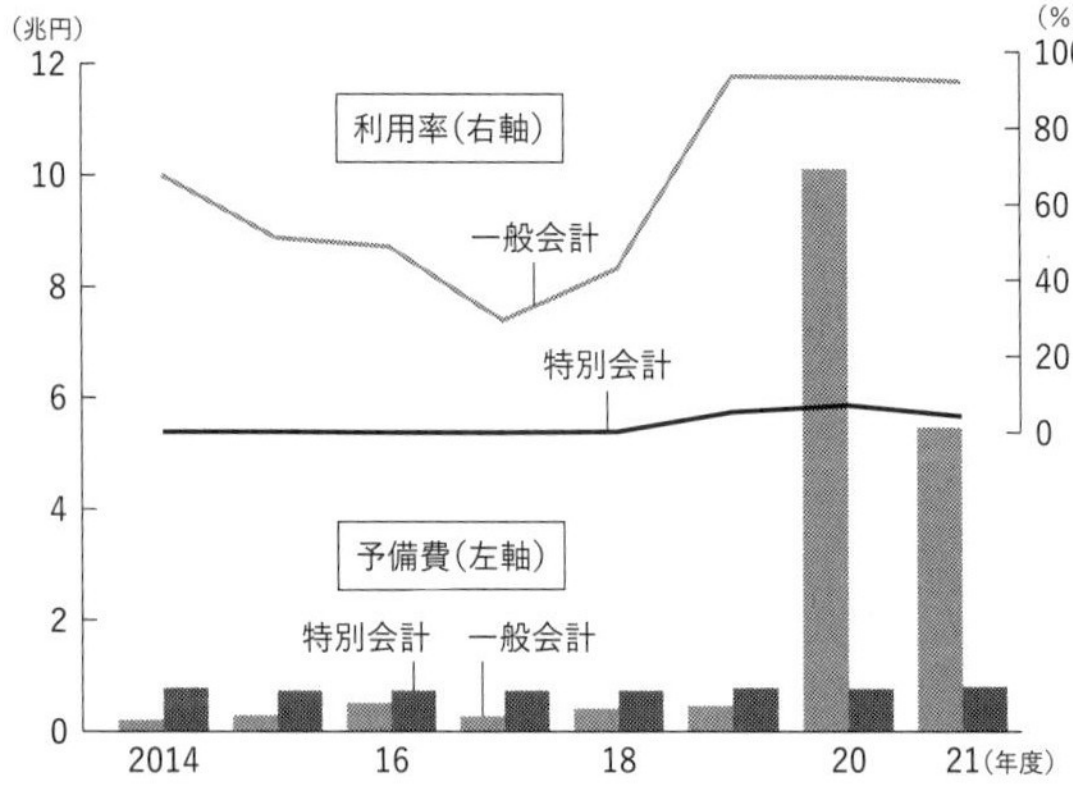

(出所)政府の予算書、決算書

6500億円に達した。その後も数兆円規模が続いている。これとは別に特会でも8000億円規模の予備費を維持している。一般会計で予備費を膨らませ、特会でも高水準を維持していることになる。一般会計で予備費を含めて巨額の予算を組むなか、各特会が別々に予備費を持つ必要があるのだろうか。

会計検査院長を務めた早稲田大の小林麻理教授は「それぞれの特会にある予備費の根拠が乏しい。前例踏襲以外のなにものでもない。決算ごとに必要性を分析し、次の予算に反映させるべきだ」と強調する。

2014年に施行された改正特別会計法には「必要以上の資産を保有しない」とする基

本理念規定がある。多くが積立金や翌年度の歳入に回っている過大な予備費はこれに反しているのではないか。国民負担を抑えるには支出実績が乏しい予備費を圧縮する必要がある。

番外編

公共事業の未消化4兆円

2年連続4兆円超えは初

政府がダムや道路整備など公共事業の予算を計画通り消化できていない。年度内に執行せず持ち越した額は2020~21年度に2年連続で4兆円を上回った。現実に不可能な額が予算上は確保され、借金が膨らむ上、本来必要な分野にカネが回らない歪《ゆが》みを生む。

政府の決算書などを検証したところ、2020年度の公共事業費のうち翌2021年度に持ち越した金額は4兆6937億円に上った。2021年度から2022年度への持ち越しは、4兆374億円。2020年度は過去最高で、2年連続の4兆円超えは初めてとなる。消化できない積み残し案件がかさむなか、さらに公共事業費を膨らませ、予算と実態が乖離したさまを映し出す。

２０２０年度の公共事業の総額は前年度からの持ち越しを含めて13兆２４７３億円、２０２１年度は12兆７９１１億円だった。両年度とも、その3割超が消化されなかった計算だ。２０１１年3月の東日本大震災からの復興に向けて、特定の地域に集中して公共事業を急増させた２０１２年度（37％）に迫る。

国の予算を作る際は税収の動向などを見ながら、歳出の総額に歯止めをかける。執行できない公共事業の予算を積む代わりに、例えば科学技術の助成や子育て支援など、社会の活力を生む分野に歳出を振り向けられた可能性がある。国の借金の返済にも回せた。

日本の財政は4月～翌年3月の年度ごとに予算の使い道を決める単年度主義を原則とする。翌年度への持ち越しは「繰り越し」と呼び、繰り越しの比率が高いほど想定通り予算を執行できなかったことを意味する。

繰り越しが膨らむのは、現場の引き受け能力を超えて予算だけ確保するためだ。政府統計によると、建設業の従業員数の過不足指数（「過剰」引く「不足」）はマイナス30を下回り、人手不足が深刻になっている。建設資材の高騰もあって公共事業を敬遠する業

公共事業の繰越額は震災直後を上回る

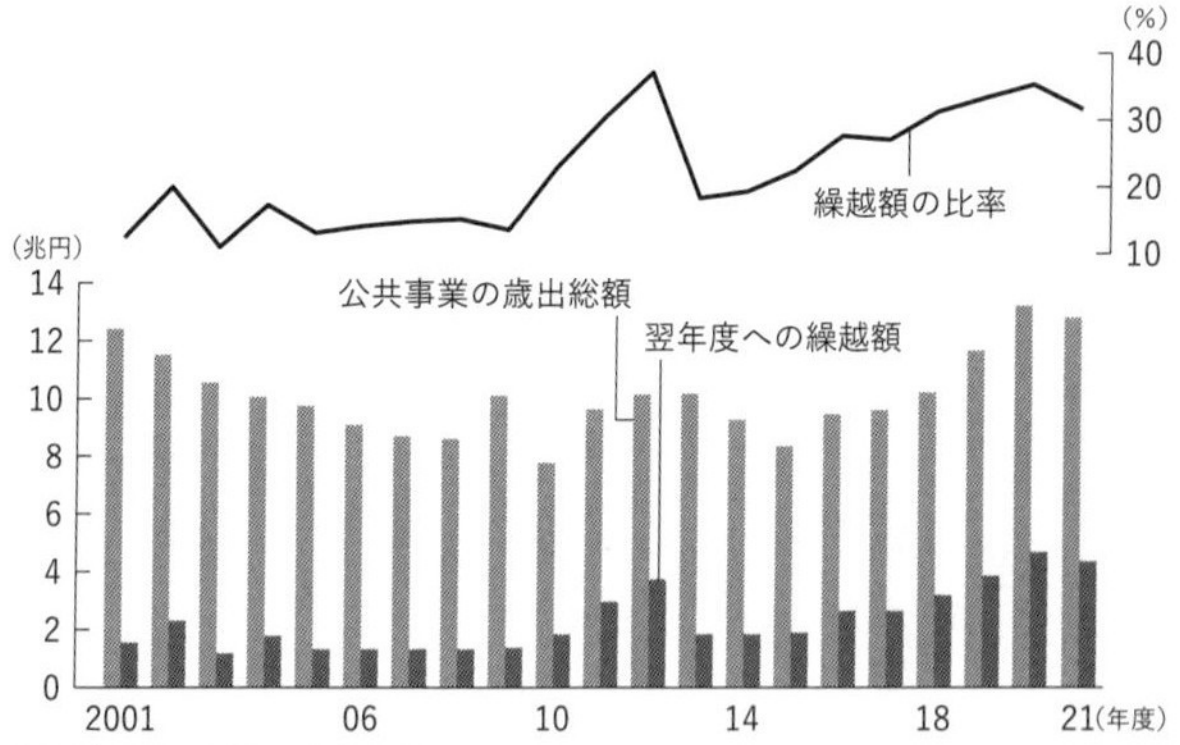

(注) 総額は前年度からの繰越額を含む

者は多い。2019年度は国土交通省の直轄工事の6%で入札が成立しなかった。

補正予算に頼った財政運営も影響している。近年、政府は当初予算で公共事業費を抑え、財政規律を演出する。一方、年度途中で組む補正予算に公共事業費を積み、当初予算の減額を補った。その結果、年度末が迫るころに作業が始まる公共事業がかさんでいる。2020〜21年度の公共事業費は、当初予算で6兆円台の横ばい圏を保つが、補正で2兆円程度ずつを用意した。入札などの作業が年度末に偏る結果、翌年度に持ち越される案件が増えた。

増える「国庫債務負担行為」

作業が年度をまたぐのを前提にした慣行が、持ち越しに拍車をかけている面もある。国交省は2010年代半ば以降、複数年度にまたがる公共事業の手当を業者や自治体にあらかじめ約束する「国庫債務負担行為」を急増させた。2014年度の当初予算に比べて2022年度は2倍程度になっている。この制度は単年度主義の例外として、受発注の関係が複数年に及ぶ防衛装備品で多用されてきた。業者サイドから見ると、年度をまたいだ収入が約束され、安心できる。半面、年度を区切った財政の規律が軽んじられる懸念もつきまとう。

経済対策を盛る補正予算は景気を刺激する目的があり、その規模が政府経済見通しや民間エコノミストの推計の根拠になる。示した数字の3分の2しか実行されなければ、景気押し上げ効果は推計ほどないとみられる。

複数年度枠の活用も増えている

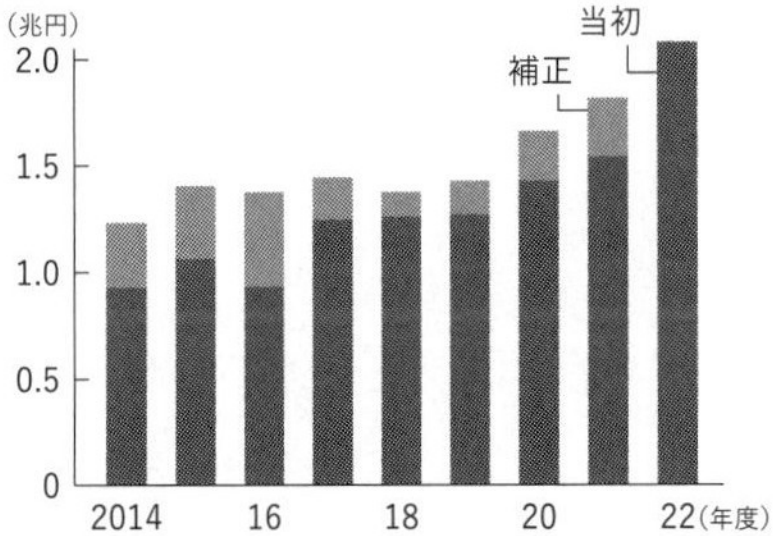

(注) 国交省の国庫債務負担行為新規設定額。財務省への取材に基づく

第4章

コンサル頼みの委託事業

1 受注額4倍、民間の競争原理働かず

コロナ研究の仕切り役は三菱総研

2021年11月、理化学研究所や神戸大の研究チームによるスーパーコンピューター「富岳」を使った新型コロナウイルス研究がスパコン分野で権威がある米国のゴードン・ベル賞のCOVID－19研究特別賞を受賞した。居酒屋やカラオケ店、タクシー、コンサート会場など様々な場面でどのように飛沫が広がるか詳細にシミュレーションしたものだ。結果を可視化したCG画像はメディアでたびたび取り上げられた。

この研究は内閣官房が感染拡大防止と社会経済活動の両立を目指して2020年度第2次補正予算で立ち上げたコロナ調査研究事業の一環だ。感染防止や感染拡大の早期探知に資する技術の確立を目指し、約30件のプロジェクトを実施した。2020～21年度の2年間で120億円の国費を投じた一大事業だ。

ただ、この事業の運営を取り仕切ったのは内閣官房ではない。実際の仕切り役は大手コンサルティング会社の三菱総合研究所だった。内閣官房がプロジェクトの公募や審査から必要

な資機材の調達、会議の運営まで、ありとあらゆる業務を同社に委託した。

大手コンサルと広告代理店に依存

これまで予備費や基金の予算執行プロセスやその効果の不透明さを検証してきた。この「委託」という形態も事業の担い手や国費の流れを見えにくくしている予算執行手法だ。

委託は国が本来手がける事業や業務を、経費を支払って民間事業者に任せる仕組みである。委託先としては民間以外に自治体や独立行政法人、公益法人など公的な団体・組織に発注する場合もある。

委託内容は政策立案に伴う調査研究や実証実験、給付金の事務局業務、資源の国家備蓄など様々だ。民間委託拡大は官庁の肥大化を防ぐために必要な手段で、世界的な潮流だ。ただし、財政健全化につなげるには競争入札や公募でより良いサービスをより安く提供する事業者を選ばなければならない。

その観点で日本の実態はどうか。取材を進めると、委託先選びの競争が働かず、三菱総研のような大手コンサルと広告代理店に依存している構造問題が浮かんできた。

まずデータから見てみよう。各府省庁はホームページ上で「委託費」や「委託調査費」と

国の委託費

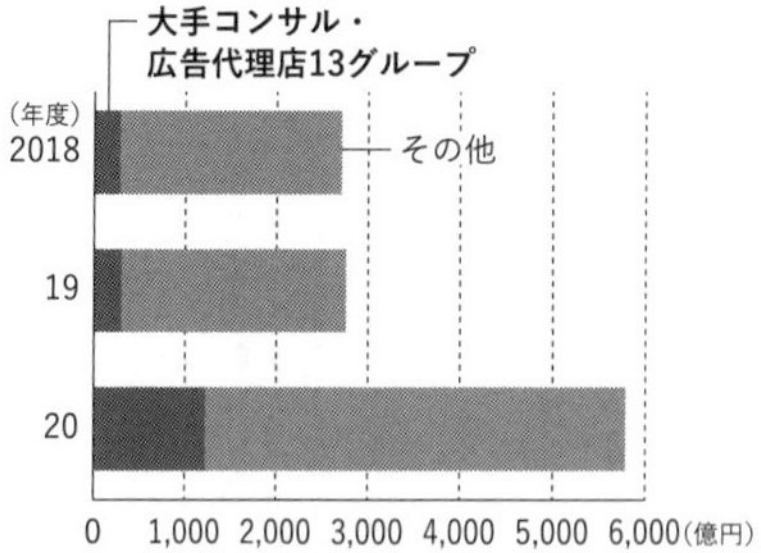

（注）公表資料から日本経済新聞が集計

して契約先や契約額を公表している。２０１８～20年度にこのふたつの費目で国費を使った事業を集計したところ、総委託費は２０１９年度の２７７８億円から２０２０年度が５８０９億円と２・１倍に急拡大していた。需要喚起策「Ｇｏ Ｔｏ キャンペーン」や売上高が落ち込んだ企業を支援する「持続化給付金」など新型コロナ対策で巨額の委託事業が相次いだからだ。

　巨額事業で存在感を強めたのがコンサルと広告代理店だった。その大手13グループへの委託額を集計すると、２０２０年度は前年度比４・２倍の計１２３４億円。委託総額に占める割合は21％と前年度から10ポイントも上昇していた。この比率は独立行政法人など公的機関と肩を並べた水準となる。

　この大手13グループは主要な総合・シンクタンク系コンサルティング会社、広告代理店として取材班が抽出した。具体的にはデロイトトーマツ、ＥＹジャパン、ＰｗＣジャパングループ、ＫＰＭＧジャパン、アクセンチュア、野村総合研究所、三菱総合研究所、みずほリサーチ&テクノロジーズ、三菱UFJリサーチ&コンサルティング、日本総合研究所、NTTデータ経営研究所、電通グループ、博報堂DYホールディングスだ。

グループ別の受注額トップはデロイトトーマツの545億円で前年度の29・3倍に急拡大した。「持続化給付金（第2次）」（427億円）や後継事業の「一時支援金」（84億円）を立て続けに受注した。2位は博報堂DYホールディングスの233億円（前年度比123・2倍）、3位は三菱総合研究所の221億円（同2・3倍）だった。

今回の集計には含めなかったが、電通は一般社団法人サービスデザイン推進協議会を介して97%が再委託された「持続化給付金（第1次）」（769億円）を含めると断トツでトップだ。

主な大手コンサル・広告代理店の受注額

企業グループ名	2020年度
デロイトトーマツ	545億円（29.3倍）
博報堂DYホールディングス	233（123.2倍）
三菱総合研究所	221（2.3倍）
三菱UFJリサーチ&コンサルティング	45（1.8倍）
野村総合研究所	39（8%減）

（注）カッコ内は2019年度比。
国の公表資料から日本経済新聞が集計

人件費は「1人1時間で3万円超」も

特定の業界や企業に委託先が偏るのは縦割り行政の弊害だ。公募前に各部署が付き合いの深い事業者に事前接触し、その過程で仕様や価格の大枠

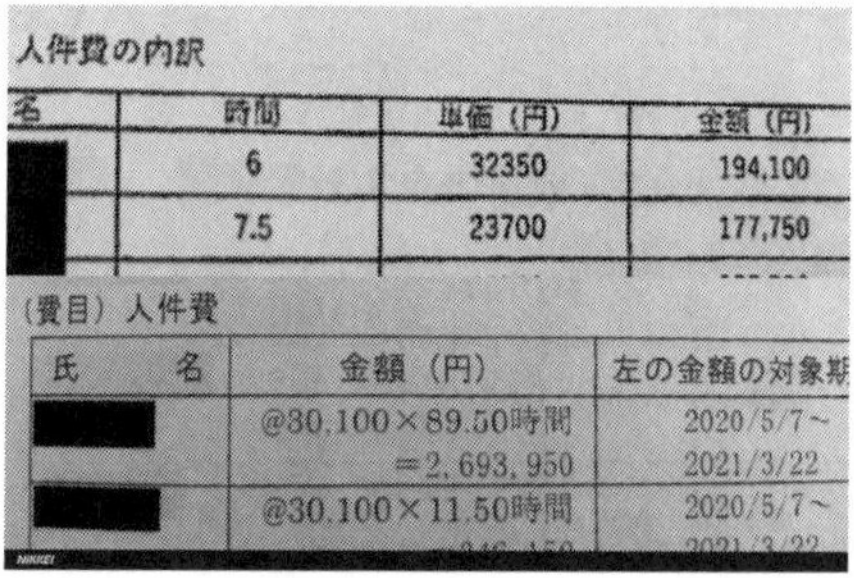

人件費の内訳

名	時間	単価（円）	金額（円）
[redacted]	6	32350	194,100
	7.5	23700	177,750

（費目）人件費

氏　　名	金額（円）	左の金額の対象期
[redacted]	@30,100×89.50時間 =2,693,950	2020/5/7～ 2021/3/22
[redacted]	@30,100×11.50時間	2020/5/7～

大手コンサル会社が受注した事業の人件費単価
（情報公開請求で入手した資料）

が固まる。おのずと特定の事業者が有利となり、言い値を丸のみすることになりかねない。ある経済産業省の幹部は「仕様を決める国にノウハウがないから事業者は高めの金額を示してくる」と明かす。

契約内容をさらに深掘りしていくと、委託価格を抑制する仕組みが機能しておらず、むしろコストが一段とかさんでいることが見えてきた。

「都心の一等地にオフィスを構える大手コンサル会社はオフィス代も人件費に含めて請求するので人件費単価は中小の3倍程度はする」。大手コンサルに勤務経験がある中小コンサル代表は明かす。

情報公開請求で入手した委託事業の入札・契約資料からも大手コンサルの高額ぶりが見てとれる。総務省や文部科学省の事業では1人1時間あたり最高3万3950円を請求していた。最低でも1万円を優に超える金額を請求している社が大半だった。経済産業省では見積もり段階で最高5万7000円を見込んでいた事業もあった。年収換算で1億円を超える水準だ。一方、中小コンサルは1万円を超える企業はほとんどなかった。

冒頭の内閣官房による新型コロナ関連事業の入札資料によると、三菱総研は期間中の1年8カ月で社員の労働時間を8万時間超と計画していた。単純計算で20人強が毎日8時間働くことになる。契約金額は118億円で、その内訳は非開示としており実際の金額は不明だが、仮に人件費単価を慎重に見積もって平均1時間1万5000円とした場合でも、12億円以上が三菱総研の懐に入った計算になる。

大型事業を増やし、人件費が高い大手に頼った結果、国費投入が膨らんでいるわけだ。人件費単価について各社に見解を問うと、デロイトトーマツや三菱総研など9社は「国の単価算定マニュアルに沿っている」などと答え、ほかの4社は回答を避けた。

2 目立つ「競合なし」、多重下請けも

国の契約全体の3割は「1者応札」

本来、人件費が高い企業は入札で価格勝負となれば勝ち目は少なくなるはずだ。ところがコンサル・広告代理店13グループの受注事業の中には入札に落札者しか参加しなかった、つまり競合が現れなかった「1者応札」が少なくない。

一般競争入札や企画競争で事業者を決めた2020年度の契約額上位10事業を調べてみると、4件は1者応札だった。前節の冒頭で見た三菱総研の案件、デロイトトーマツが担ったコロナの一時支援金事業が含まれていた。

総務省では2020年度に13グループが受注した契約額5000万円以上の16事業を見ると、そのうち12事業が1者応札だった。ある中小コンサルの研究員は「契約額が5000万円を超える事業は、人員確保の面や万が一損失が発生したときのリスクを考えると、参入できる社は限られる」と話す。

1者応札が多いと価格面での競争が働かず、委託額が膨らみやすくなる。公募前に各部署

が付き合いの深い事業者に接触し、言い値を丸のみしてしまう結果、委託先の人件費が上昇するのと同じ構図だ。

複数応札でも価格点と技術点で評価する総合評価方式の入札では大手コンサルが価格点で負けても、高い技術点を獲得して逆転するケースが少なくない。文部科学省の事業ではPwCコンサルティングが他社に価格点（50点満点）で20点以上の差をつけられたものの、技術点（100点満点）で25点以上の差をつけてひっくり返したケースもあった。

委託事業に限った1者応札比率は不明だが、国の競争契約全体（一般と指名の競争入札件数ベース）に占める1者応札の割合は、2018年度が30%、2019、20年度はそれぞれ33%だった。

内閣官房の大手コンサル依存度は89%

府省ごとの独自ルールも新規参入を阻む要因になっている。必要な書類は多岐にわたり、受託者への支払いは事業終了後が原則だ。地方自治体向け事業を手がけるスタートアップの社長は「能力はあっても資金力がなければ参入しにくい」と話す。日本経済新聞が調べた結果でも、その傾向は顕著だった。経済産業省や総務省など10府省で委託費全体に占める主要

大手コンサル・広告13グループへの依存度

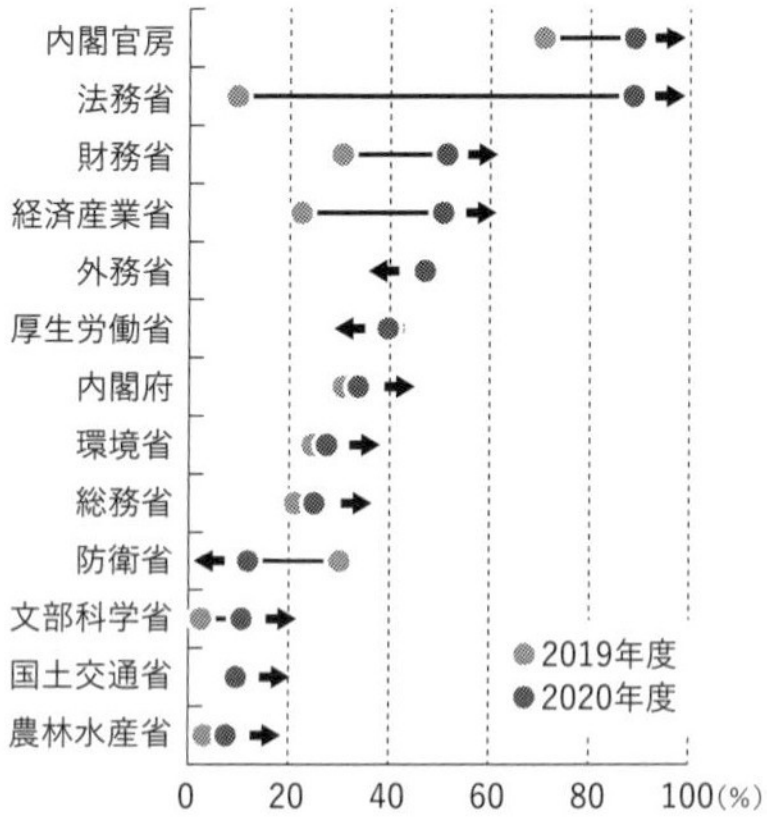

（注）各府省が公開する委託費・委託調査費から金額ベースで集計

13グループの比率が上昇した。内閣官房の依存度は89％に達していた。コロナや東京五輪・パラリンピック、サイバーセキュリティーの関連で多用した。

大型事業で足場を築いた大手コンサルや広告代理店は攻める領域を広げている。「従来手を出してこなかった小さな委託事業にまで参入してきた」と中堅コンサルの社員は警戒感を募らせる。

国は2000年代以降、財政再建に向けて「官から民へ」を掲げ、国の事業での民間活用を進めてきた。

本来は事業者を競わせることで良いサービスを安く調達できるはずだが、現状は適正な競争が働いておらず、理想像からかけ離れたものとなっている。

持続化給付金は「9次下請け」も

事業規模が大きいほど、多重の下請け構造が生まれやすい問題もある。

典型例は、持続化給付金である。コロナの影響で売上高が急減した中小企業や個人事業主を対象に中小企業に最大200万円、個人事業主に最大100万円を給付する事業だ。2020年4月に成立した同年度補正予算の目玉として2兆3000億円が計上された。

経産省の外局で、この事業を所管する中小企業庁は申請の受付、審査、支払い、広報、申請サポートなど一連の業務の外部委託を決め、総合評価方式による一般競争入札の結果、サービスデザイン推進協議会（サ推協）という一般社団法人に769億円で委託した。

ところがサ推協は落札額の97%にあたる749億円で電通に再委託していたことが判明すると、国会で批判が巻き起こった。さらに電通は審査やコール センター運営、システム構築、申請サポートなど業務ごとにグループ会社の電通ライブや電通テック、電通国際情報サービスに再委託していた。下請けは最大9次まで存在し、支出実績100万円以上は563事業者に上った。そのため仕事を右から左に流して手数料を得る「中抜き」ではないかとの疑念を呼んだ。入札前の事前接触にサ推協の職員とともに電通社員らが同席していいた

持続化給付金の多重下請け構造

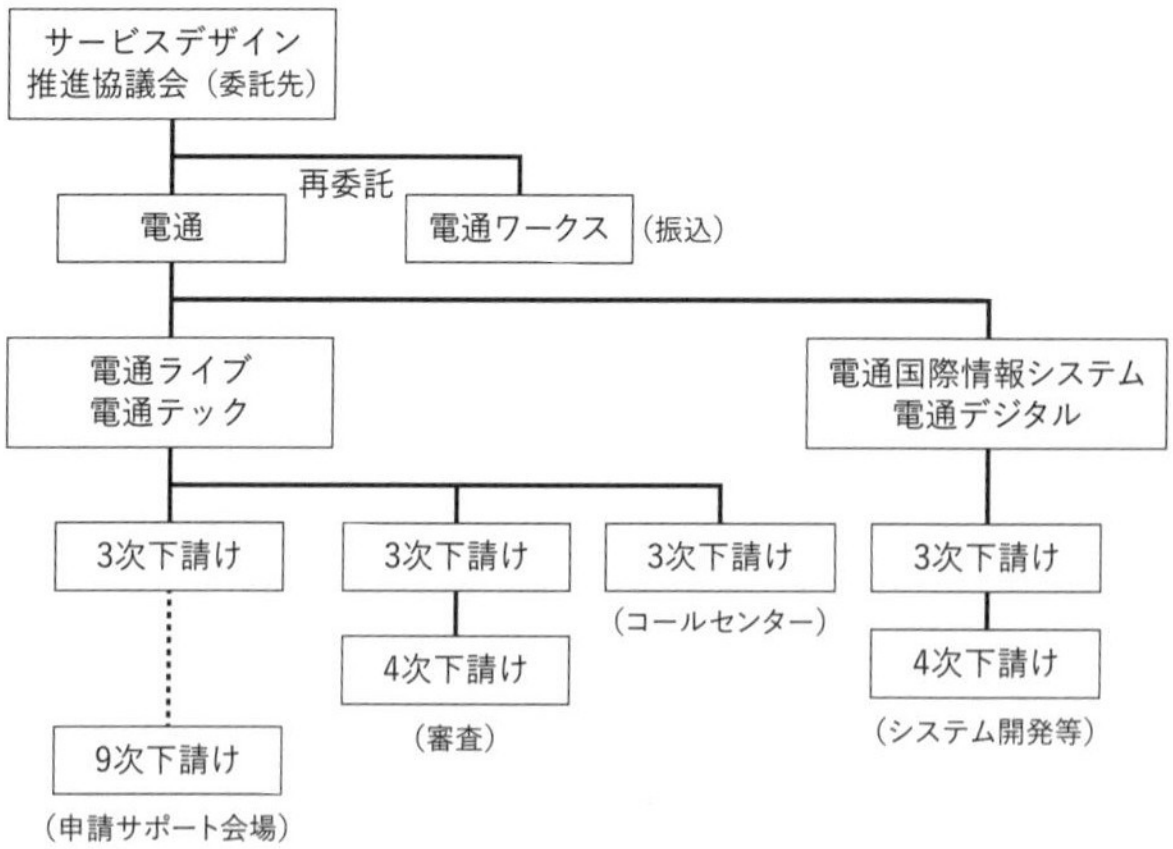

（注）経産省資料に基づき作成

ことも入札の公正さに疑問を抱かせた。

経産省は大手コンサル・広告代理店への依存度が高い省庁のひとつだ。ある幹部はこう明かす。「持続化給付金のような緊急経済対策は事業内容が決まる前から仕様書を作り始めなければ間に合わない。しかも巨額事業を短期間で準備する必要があり、受注できる企業は絞られる。どれぐらいの費用がかかるか分からないからヒアリング段階で事業者側はできるだけ高い価格を示してくる。調達方法を抜本的に見直さない限り同じことを繰り返すだけだ」

実際、後継の「持続化給付金（2次）」「一時支援金」「月次支援金」「事業復活支援金」はいずれもデロイトトーマツが受注し続けている。事業復活支援金は500億円で受注し、博報堂に333億円で再委託した。再々委託先には「持続化給付金（1次）」を担った企業も含まれる。

主要プレーヤーが変わっただけで、申請サポート会場を全国に設置し、コールセンターも運営する仕組みはほぼ同じ。多重の下請け構造であることに変わりはない。

3　誰も知らない適正価格

調達は見よう見まねで

委託事業は公共工事や物品調達と違い、費用の大半を人件費が占めるため適正な価格の評価が難しい。

委託事業の入札で外部委員を務めたことがある公認会計士は「公共工事のように相場が固まっておらず、応札価格が最高額と最低額で3倍以上開くことも珍しくない。省庁の担当者も私たちも、適正価格を評価できるだけの知見や材料がない。多少高くても大手コンサルに任せておけば安心ということで丸投げしているのが現状だ」と打ち明ける。

実際に省庁の調達能力は心もとない。事業仕様の多くは担当課の課長補佐以下の職員が決めている。事業発注の経験が豊富な人ばかりではなく、前任者の引き継ぎや周囲の同僚などに聞きながら、見よう見まねでやっているのが現状だ。

新規事業の場合、自力で仕様を作るだけの事業ノウハウがないため、過去に発注実績がある事業者などにヒアリングして固めるケースが多い。おのずと事前接触した事業者に有利な仕様や価格に持ち込まれやすくなる。大手コンサルティング会社の社員は「仕様策定の段階でいかに有利な仕様を盛り込ませられるかが勝負だ」と話す。

会計法令上、入札ではあらかじめ落札価格の上限として予定価格を決めることになっている。予定価格を上回った場合は落札できないが、この決め方も心もとない。

決め方としては、①自省庁で定める単価表などに基づき自ら積算、②事業者から見積書を取得――の2つがある。見積書を取る場合は複数の事業者から取るよう推奨されているが、大手コンサルや広告代理店が受注した事業では落札者からしか取得していないケースや、複数であっても大手からしか取っていないケースが目立つ。言い値が通りやすい構造だ。

霞が関は「人手が不足」

地球温暖化対策を担当する環境省の職員は「業務量が増えても職員がそれに合わせて増えるわけではない。調達の担当も1～2年ごとに変わるので専門性が身につかず、大手コンサルに頼まざるを得ない場面は増えている」と訴える。

中央省庁の官僚たちは「人手が不足している」と主張する。この点についてはうなずける部分がある。内閣人事局の人事統計報告によると、この10年間の一般職国家公務員の常勤職員数は26万人台で横ばいだが、年代別のデータを取り始めた2015年度以降の年齢構成を見ると、50歳以上は32・1％から34・4％に微増し、中核を担う30～49歳は54・6％から45・3％に急減している。一方で新型コロナウイルス禍を境に歳出規模は急速に膨張し、業務量が急増していることがうかがえる。

省庁別に見ると、大手コンサルや広告代理店への依存度が低い国土交通省や農林水産省は地方整備局や地方運輸局、地方農政局など地方支分部局にいずれも人員を手厚く配置している。文部科学省や総務省も自治体や各教育委員会などを通じて事業を執行する場面が多く、それほど依存度は高くない。最もコンサル依存度が高かった内閣官房では職員は各省庁からの寄せ集めである上、大半が元の省庁に籍を置いたままの併任だ。時の政権に合わせて看板もころころ変わるため部署も乱立し、慢性的な人手不足に悩まされている。

ただ、中央省庁の人手不足は常に業務を棚卸しし、効率化する意識に乏しい風土が招いている側面もある。必要性が乏しい制度や事業を乱立させ、屋上屋を架す一方で、大胆にデジタル化を進めない。霞が関が自己改革を進めれば、人手不足感を和らげることは可能だ。

英国では専門家250人の独立組織

「日本の公共調達制度が限界にきているということだ」。日本公認会計士協会の公会計委員会委員長を務めた伊澤賢司氏はこう指摘する。

日本の公共調達の仕組みは明治以来変わっていない会計法に基づく。公共工事も物品購入もシステム調達も委託事業もすべて同じ仕組みで行われる。経済状況も商慣行も技術もあらゆるものが様変わりしているのに制度だけが変わっていない。明らかに時代にそぐわないルールの中で無理やり辻つまを合わせようとした結果が持続化給付金問題のようなほころびを生んだ、と伊澤氏はみている。

日本公認会計士協会は公共調達の理想的な体制について提言をまとめ、経済産業省が設置した「調達等の在り方に関する検討会」に提出した。主張しているのが「より良いものをより安く購入する」というVFM（バリュー・フォー・マネー）の考え方で、費用対効果の検証が欠かせないとする。オーストラリアでは一定規模の事業については民間人を含むチームが計画段階から費用対効果を分析し、必要に応じて計画を修正するなど柔軟な対応をしているという。

英国も参考になる。日本に先立って国の事業で民間活用を進めたが、行政学を専門とする学習院大の藤田由紀子教授によると「コンサル会社が多用され、高額な報酬が支払われた時期もあった」。その反省から2010年代に調達体制の見直しに着手。今では物品調達や業務委託、工事発注をつかさどる独立組織に約250人の専門家を配置し、モノ・サービスの市場価格や国の発注額の情報を集約・分析し、最も費用対効果の高い事業者を選ぶ仕組みができている。藤田教授は「日本も民間委託の活用状況をしっかり検証すべきだ」と強調する。

日本は内閣官房行政改革推進本部事務局などが旗振り役となって省庁間での好事例を共有しているものの、基本的には各省庁任せだ。

デジタル調達ではいきなり大規模システムを導入せず、小規模なシステムを徐々に改修するアジャイル開発や調達単位の細分化で参入企業を増やす努力もみられ始めたが、省庁の知見不足もあって歩みは遅い。

元財務官僚で明治大の田中秀明教授は「日本は予算を効率的に使う発想が乏しい。政府全体の契約を分析できるデータベースもない。日本は調達分野にもっと人材を投入すべきだ」と指摘する。

第5章 政府の辞書に「検証」なし

1　スポーツ貢献、実績を水増し

サッカーボール126個で難民12万人が恩恵

2019年6月、バングラデシュ南東部のコックスバザールにある難民キャンプに子どもたちの歓声が響いた。ここには隣国のミャンマーで迫害を受け、逃れてきた少数民族ロヒンギャの人々が暮らす。避難者数は90万人を超え、そのうち半数が18歳未満の子どもだった。十分な教育を受けられず、娯楽もない。そこに日本からサッカーボールが届いた。現地で開かれた贈呈式には著名な日本人ミュージシャンが駆けつけ、子どもたちと一緒にボールを追う姿が日本のテレビニュースでも報じられた。

東京五輪・パラリンピックの開催決定後、外務省とスポーツ庁が推し進めたのがスポーツを通じた官民連携の国際貢献事業だった。「スポーツ・フォー・トゥモロー（SFT）」と名付けられ、2015～21年度に累計80億円の予算が組まれた。難民キャンプへの寄贈事業もその一環で、日本国内の大学や自治体、サッカースクールが提供した中古のサッカーボール126個と空気入れ1つ、ビブス40着を子どもたちにプレゼントした。

それから半年後。外務省とスポーツ庁は連名で、SFTによって恩恵を受けた人数（裨益者＝受益者数）が目標の1000万人を達成したと発表した。当時のプレスリリースを見ると、代表例として難民キャンプへのボール寄贈が紹介されていた。

そこに見逃せない点がひとつだけあった。裨益者数が「約12万人」と書かれているのだ。寄贈したボールは全部で126個だ。そうだとすれば、1個を約1000人で使った計算になる。この数字は正しいのだろうか――。

寄贈した3つの団体を探し当て、電話で問い合わせると、いずれの担当者も初耳だという反応を示した。寄贈後にSFTの事務局からお礼のメールを受け取ったが、裨益者数には触れていなかったという。12万人はいったいどこから来たのか。謎解きが始まった。

机上の計算で「実績」を大々的に公表

難民キャンプへのボール寄贈は在バングラデシュ日本大使館が取り仕切り、現地でのコーディネートを国連難民高等弁務官事務所（UNHCR）が担当していた。UNHCRの駐日事務所に問い合わせると、広報官からすぐに折り返しの連絡が来た。現地スタッフにも聞いたというが「裨益者数の根拠は把握できない」との回答だった。一方で有益な情報もあった。UNHCRが知る限り、寄贈後にボールの使用状況はチェックされていないという。

では、どのように裨益者数を算出したのか。外務省に直接聞くことにした。

「ご指摘の事業に係る具体的な積算根拠をご紹介することは差し控えるが、供与されたサッカーボールの耐用期間なども考慮しつつ、将来創出し得る裨益の機会等も延数で考慮した」。外務省人物交流室から届いた回答メールにはこうあった。

実際にボールを使った人数ではなく、同じ人を複数回カウントする延べ人数だということは理解できたが、どうして12万人になるのかはまるで分からない。何度か問い合わせた結果、計算の仕方だけは明らかにした。寄贈直後にボールの使用人数を関係者から聞き取り、数カ月間同じ頻度で使われたと想定して、日数をかけ算したという。

あくまで机上の計算に過ぎず、実績として大々的に公表するのは不適切ではないのか。そう問いただすと、担当者は「誰がボールを使ったかを特定するのは不可能だ」と述べ、「人道的観点からも有益だった」と事業の意義ばかりを強調した。

一般の買い物客が「イベント来場者」に

ほかの事業はどうだろうか。SFTの事務局を運営した独立行政法人の日本スポーツ振興センター（ＪＳＣ）に事業の一覧を開示請求したところ、Ａ４判で計５６５枚の資料が開示された。事業の案件名と実施期間、対象国、裨益者数とその内訳が表にまとめられている。まずは裨益者数が多い案件をピックアップし、真偽を確かめることにした。

　目に付いたのが日本貿易振興機構（ジェトロ）による「健康長寿広報展」という展示会だ。２０１７年にベトナム、２０１８年にインドネシア、２０１９年にフィリピンでそれぞれ２日間開催された。開示資料に記された裨益者数は初回のベトナム・ハノイが11万人と突出して多く、その後は４万３０００人、３万３０００人と次第に減っていた。

スポーツ・フォー・トゥモローの事業を一覧できる文書を開示請求した

　ハノイでの展示会はＳＦＴのホームページで紹介されていた。日本の健康関連製品・サービスを現地消費者向けに紹介するため、会場内でＳＦＴのＰＲ動画を流したり、エクササイズを実演したりしたという。掲載写真を見ると、ステージ前に人だかりができていた。ただ、写り込む来場者は多く見積もっても１００人を超える程度。真相を探るには現地の様子を知る人に当たるしかなさそうだ。

参加した企業に電話をかけ、当日現地に出張したという2社の社員が取材に応じた。2人の話によると、日系企業が運営するショッピングモールで催され、吹き抜けになっているエレベーター横のスペースが会場だった。11万人の集客があったかどうかは、どちらも「分からない」と答えたが、1人は「買い物客が自由に出入りできるような場所だったので、そもそも数えられないと思う」と証言した。会場運営を受託した日本のイベント会社にも取材を申し込むと「弊社が取材を受けるのがよいのか、分かりかねる」と断られた。

主催したジェトロに11万人の根拠を尋ねたところ、広報課から難解な文面のメールが届いた。「実施会場の運営者から入手した来場者数の情報に基づき、イベント会場の立地などを考慮の上で全体来場者数に一定数の割合を乗じて算出した」。電話ですぐ折り返すと、広報担当者は当時イベントに関わった職員が異動し、正確な状況がすぐには分からないのだと説明した。

きちんと調べてほしいと伝え、3日後に改めて回答が来た。結局、11万人はショッピングモール全体の来場者数だった。展示会に来た人だけでなく、一般の買い物客も含めていたというわけだ。広報担当者は「11万人全員に（展示会の）恩恵があったとは言えない」と認めつつ、「ＳＦＴ事務局にはショッピングモールの来場者数として報告したが、展示会による裨益者として合算された」と釈明した。２０１８年以降は数え方を改め、商業施設全体の来場者数から一定数を差し引いて報告するようにしたという。その結果、裨益者数は半分以下に激減した。

図書館建設もスポーツ貢献としてカウント

ＪＳＣが開示した事業一覧には実に様々な事業が登場する。各競技のコーチや審判を日本に招いた研修や、各国大使館が主催した柔道や空手の大会、現地のお祭りで武道パフォーマンスを披露したというものまであった。特に目立つのが日本の政府開発援助（ＯＤＡ）で整備した発展途上国の教育施設だ。体育館や陸上競技場だけでなく、一見、スポーツとは無関係に見える事業も少なくない。

西アフリカのブルキナファソでは２０２１年、小学校４校で井戸掘削と学校菜園整備が執り行われた。飲用や手洗いに使う安全な水の確保と児童の栄養改善が目的で、日本のＯＤＡを活用した。なぜかこの事業がＳＦＴの実績に含まれ、４校に通う児童と教員計１１６８人が裨益者にカウントされていた。

国が主張するSFTの成果と根拠

内容	相手国	恩恵を受けた人	根拠
サッカーボール126個寄贈	バングラデシュ	12万人	寄贈直後の使用状況で延べ人数推計
健康関連製品の展示会	ベトナム	11万人	会場がある商業施設全体の来場者数
図書室整備	ギニア	3万5,000人	整備地区の人口
小学校の井戸・菜園整備	ブルキナファソ	1,100人	小学校の児童・教員数
学校の食堂棟増築など	モンゴル	1,300人	学校の生徒・教員数

エチオピアで２０２０～21年に建設した図書館も同様だ。近隣の小中学校に在籍する児童・生徒と職業訓練施設の生徒の人数を合計し、ＳＦＴの裨益者としていた。事業を担当した外務省国際協力局国別開発協力第三課にスポーツとの関連をただすと、職員は「図書館にはスポーツ関連の本もあると思う……」と言いかけ、しばし口ごもった。

取材を進めるうち、こうした〝内部処理〟が外務省内で組織的になされていたことが分かった。人物交流室が「草の根・人間の安全保障無償資金協力」と呼ぶ比較的小規模なＯＤＡ事業のうち、教育施設整備についてはＳＦＴの実績に含めるよう各課に指示していた。

実績の水増しではないかと問うと、人物交流室は「スポーツ振興を効果的に行ったりスポーツを継続できる環境を整えたりする意味で、整備した教育施設の利用者は裨益者にあたる」と反論した。

五輪招致と国際公約

スポーツに直接関わりのない事業まで寄せ集め、達成しようとした「裨益者1000万人」とは何なのだろうか。

真相を知るには、2013年9月にアルゼンチンのブエノスアイレスで開催された国際オリンピック委員会（IOC）総会まで遡る必要がある。そこでは2020年夏季五輪・パラリンピックの招致を巡り、候補地が最終プレゼンテーションで競った。

「オリンピックの聖火が2020年に東京へやってくるころまでには、彼らはスポーツの喜びを、100を超す国々で、1000万になんなんとする人々へ、直接届けているはずなのです」。壇上に立った安倍晋三首相（当時）は、投票を控えるIOC委員らにこう約束した。この国際公約を果たすため、政府が取り組んだのがSFTだった。

活動分野は、①スポーツを通じた国際協力や交流、②国際スポーツ人材育成拠点の構築、③国際的なアンチ・ドーピング推進体制の強化支援――の3つを柱とし、2014年8月に官民コンソーシアムを発足。その会員が国際貢献に取り組み、裨益者数の実績を持ち寄る形で「100カ国・1000万人」の目標達成を目指した。当初は伸び悩み、2014年度末時点で52万4000人、2015年度末時点で109万人にとどまった。その後、毎年度200万人を超えるペースに増え、2019年9月には目標の1000万人を前倒しで達成した。数字の押し上げに貢献したのが前述のボール寄贈や展示会などだった。

実態なき「成果」が予算の呼び水に

スポーツを通じた国際貢献活動には先例がある。2012年のロンドン五輪開催に先駆け、英国の産官学が2007年から実施した「インターナショナル・インスピレーション・プログラム」だ。アフリカや中南米など20カ国を対象に1200万人の若者の生活向上を目指し、スポーツを通じてリーダシップや女性の権利意識向上、エイズウイルス（HIV）予防のための教育活動などを推進した。①政府と政策立案者、②実務者と担当機関、③子どもと若年層――の3つを対象とし、それぞれ具体的な業績評価指標と目標値を設定した。

一方、SFTは裨益者の対象や数え方の具体的な基準すら示さず、実施団体の判断に任せていた。実績報告を集計していたJSCも信ぴょう性を検証せず、そのまま合算した。根拠の乏しい実績を前提にすれば、予算配分にも影響があったはずだが、スポーツ庁は「財務省がSFTの意義や必要性、効果を総合的に勘案し、予算措置した」と主張した。裨益者数の数え方についても「実施団体が責任を持つことになっている。疑念があるなら実施団体が答えるべきだ」と取り合わなかった。

スポーツ政策論が専門の中央大の小林勉教授はSFTの問題点について「支援対象を明確に定めず、現地のニーズ把握も不十分だった。実施団体間で共通のビジョンがなく、定義のはっきりしない裨益者数をかき集めるだけになってしまった」と指摘する。

「レガシー」を残すためだとして、スポーツ庁は2022年度に後継事業を始め、5年間で受益者700万人を追加する目標を掲げている。初年度予算は1億7800万円。実態を反映しない「成功」が、新たな国費投入の呼び水になっている。小林教授は「国費を投じるだけの有効性があったかどうか、しっかり検証しなければならない」と訴える。

そもそも政府の辞書には「検証」という言葉が存在しないのではないか。取材班は国費を解剖していく過程で常にこんな疑念を抱いた。予算の確保や事業の存続に躍起になるだけで、その成果には関心を持たない政治家や官僚がいかに多いことか。スポーツ貢献事業のように「数字を作る」のはもってのほかだ。

検証なき国家事業――。そのずさんな実態をもう少し追っていこう。

2 国の政策、3割成果測れず

「キャッシュレス比率40%」の疑問

消費税率が8%から10%に切り替わったのは2019年10月1日のことだ。1989年の導入時に3%だった税率は1997年に5%、2014年に8%と段階的に引き上げられ、20年かけて10%に達した。この日の日経電子版では朝から対応に追われた飲食店や小売店の様子を報じている。飲料・食料品を持ち帰る場合は8%、店内で飲食する場合には10%と税率を変える軽減税率が初めて導入され、一部の店頭では混乱も生じた。レジの設定を変更するため臨時休業した店まであったという。

ドタバタに拍車をかけたのが、同時に国が始めたキャシュレス決済によるポイント還元事業だった。クレジットカードや電子マネーで支払うと、中小店舗なら5%、フランチャイズチェーンの加盟店では2%のポイント還元がある。増税後の消費の落ち込みを和らげようと、経済産業省が2020年6月までの9カ月間実施し、6330億円を支出した。店側の決済端末導入費用や決済手数料も補助対象とした。

巨額の予算を投じた事業の成果はその後、どのように検証されたのか。

経産省が２０２１年秋に公表した行政事業レビューシートを見てみると、自己評価の欄に「一定の成果を上げたものと考えられる」と書かれていた。キャッシュレス決済比率が２０１８年の24・１％から２０２０年は29・７％に上昇し「直近10年程度で最大の伸び率」だったことを理由に挙げている。消費喚起の効果については触れていなかった。

レビューシートを何度か読み返すうち、あることに気がついた。成果目標は「２０２５年にキャッシュレス決済比率40％」とあるが、事業は２０２０年度で終了している。事業終了時点の比率は目標に遠く及ばないのに、なぜ成果があったと言えるのだろうか。

経産省が有識者会議に示した別の資料を見ると、ポイント還元事業を実施する前の２０１７年から２０１８年にかけてもキャッシュレス決済比率は２・８ポイント上昇していた。年平均は「最大の伸び率」とされる２０１８～20年と同じペースだ。成果検証は適切なのだろうか。次々と疑問がわいてきた。

国のビジョンを個別事業で達成？

まずはキャッシュレス化を巡る日本の現状を知る必要がある。

経産省によると、2018年のキャッシュレス決済比率は韓国で94・7%、中国で77・3%に上り、カナダやオーストラリア、英国などは軒並み5割を超える。日本は今なお現金決済が主流で、他国に大きく出遅れている。現金は保管や輸送、紙幣・貨幣製造に多大なコストがかかる。政府がキャッシュレス化を促す背景には、現金決済を維持するための社会コストをできるだけ減らし、経済活動の効果をより高く得ようとする狙いがある。

政府は2017年6月にまとめた「未来投資戦略」で「今後10年間(2027年6月まで)に、キャッシュレス決済比率を倍増し、4割程度とすることを目指す」と具体的な数値目標を初めて明記した。その翌年の2018年4月には、経産省が「キャッシュレス・ビジョン」を発表し、目標達成時期を大阪・関西万博が開かれる2025年に前倒しするとともに、将来的に80%を目指すと宣言した。

「2025年に40%」は政府が様々な事業を通じて実現しようとする目標だった。そのひとつに過ぎない個別のポイント還元事業の成果目標に置き換えるのは乱暴だ。ましてや事業終了の5年後に目標を設定していては検証する機会すらない。経産省キャッシュレス推進室に見解を求めると「事業評価のあり方として不適切だった」と認めた。

なぜか終了年度の成果目標がない

多額の予算を投じておきながら、政策効果を検証しない事業はまだまだあった。経産省が２０１６年度に始めた「クリーンエネルギー自動車導入促進補助金」がそのひとつだ。電気自動車（ＥＶ）やハイブリッド車（ＨＶ）の普及を促すため、車両購入や充電設備導入に補助金を出す事業で、２０２０年度までに７６６億円を予算計上した。

２０２１年度の行政事業レビューシートを見ると、「２０３５年までに乗用車新車販売で電動車１００％を実現」という成果目標が記載されているが、別の欄には事業終了予定年度が「２０２５年度」だと書かれている。事業終了後は通常、レビューシートは作らない。成果を検証しないまま店じまいするつもりなのだろうか。

レビューシートによると、毎年度の電動車比率は35％前後の横ばいで推移していた。補助金の効果が期待外れだったのか、それとも補助金があるから比率を維持できているのか。事業終了年度の目標も、途中の目標もないため分からない。シートを作成した自動車課に問うと、担当者は「電動車がどのように普及していくかは様々な要因があり、事前に読めない。中長期の目標を示す方が国民にとって分かりやすい」と持論を述べた。事業の成果について

事業期間内に目標がない主な事業

事業内容	目標設定
沖縄県内の離島活性化支援（内閣府）	なし
グローバル人材育成拠点の高校支援（文部科学省）	
マイナンバーカード機能のスマホ搭載システム設計（総務省）	
児童福祉施設の被災状況共有システムの整備（厚生労働省）	
マスクなどの生産ライン増強・新設経費の補助（経済産業省）	
キャッシュレス決済のポイント還元（経済産業省）	事業終了の5年後
電気自動車などの購入補助（経済産業省）	同10年後
省エネ住宅取得・リフォームのポイント還元（国土交通省）	同4年後

（出所）2021年度行政事業レビューシート

も「補助金の利用は増えており、この事業は役に立っている」と強調した。

「最終目標なし」事業も続々と

目標を遠い未来に設定しておけば、事業終了時に未達成でも「これから達成できる」と言い逃れができる。事業期間の途中に設けた目標も同様だ。こうしたケースはどれだけ横行しているのだろうか。各府省が２０２１年度に公表した行政事業レビューシートの内容を分析することにした。事業の終了年度が明記された１４０５事業を対象に、終了年度の成果を測る目標が設定されているかどうかをひとつひとつチェックしたところ、32%にあたる４４４事業は終了年度の成果目標がなかった。そのうち１９２事業は最終目標を事業終了後に設定しており、95事業は期間途中の目標しか設けていなかった。

最終目標がそもそも存在しない事業は１５７事業もあった。沖縄県内の市町村の離島活性策を支援する内閣府の補助事業は、２０１７～20年度に計30億円の補助金を支出したにもかかわらず、２０２１年度のレビューシートには「今後、市町村が行う事業の成果目標の事後評価結果などを参考に、目標を設定する」と書かれていた。

目標は事前に設定するものではないのか。内閣府の担当者は「今後は目標を設定したい」と前置きし、「事業全体の定量的な目標は定めていないが、各自治体が個別に目標を設定し、達成率を内閣府に報告している。野放図になっているわけではない」と釈明した。

グローバルに活躍する若者を育てる文部科学省の事業でも具体的な目標を欠いたまま、多額の国費が使われていた。２０１４年度に始まった「スーパーグローバルハイスクール」事業は人材育成拠点となる高校の教育カリキュラム開発や海外研修などの費用として、２０２０年度までに50

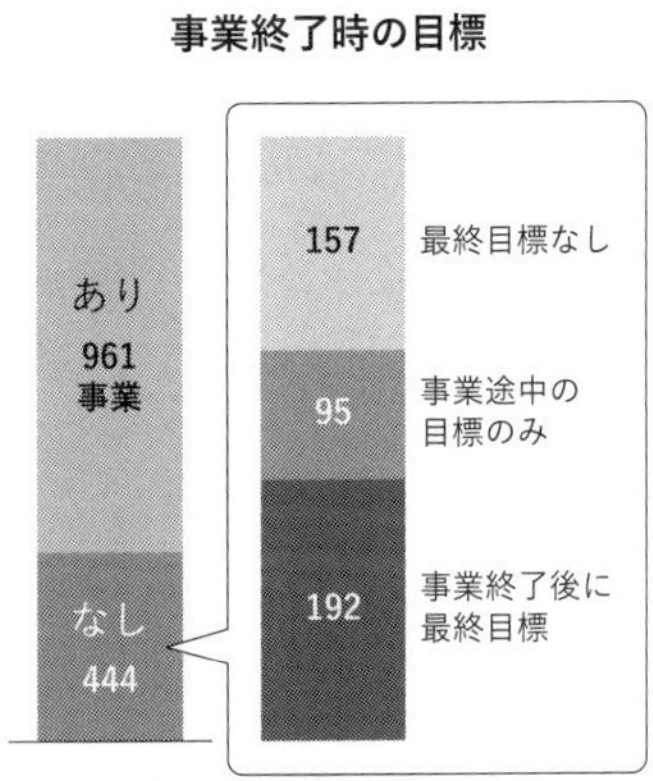

（注）2021年度行政事業レビューシートを基に集計。終了年度が決まっている事業が対象

億円余りを支出した。レビューシートでは対象校の生徒の英語力向上を目標に掲げているが、数値目標は定めていなかった。初等中等教育局は「学校によって語学力や進度のレベルが異なり、一律に目標を設定できない」と弁明した。

政策目標、米国は1年ごとに設定

「目標がはっきりしないと、巨額の国費を投じる意味がうやむやになってしまう」。政策評価を専門とする明治大の西出順郎教授はずさんな成果検証に警鐘を鳴らす。

検証が甘くなりがちなのは、担当部局による自己評価が中心だからだ。行政事業レビューの制度を所管する内閣官房行政改革推進本部も「事業終了時の成果を検証できるよう目標を設定すべきだ」との立場だが、検証作業を担う各府省に対して明確な指針は示していない。

海外では政策の成果を客観的に評価し、効率のよい予算執行につなげる考え方が今や潮流となっている。先行するのが1980年代に財政赤字と経常赤字の「双子の赤字」に苦しみ、財政の立て直しを迫られた米国だ。

1993年に施行した政府業績成果法（GPRA）は、各省庁に5年先の政策目標を3年おきに定めるよう義務づけた。これを1年ごとの具体的な目標に落とし込み、達成状況を検証する。業績の計画書や成果報告書は、予算教書をとりまとめるホワイトハウスの行政管理予算局によるチェックを経て、予算を審議する議会に提出される仕組みだ。

２０１０年にはオバマ政権下で運用を見直し、各省庁が目標未達の政策について改善計画を作る仕組みを導入した。３年連続で目標が未達成であれば予算削減を検討する。富士通総研が２０１７年にまとめた調査によると、フランスでも政府方針ごとに設定した目標や政策実施後の成果を議会に報告し、予算配分の判断材料にしているという。

目標設定に関する認識の食い違い

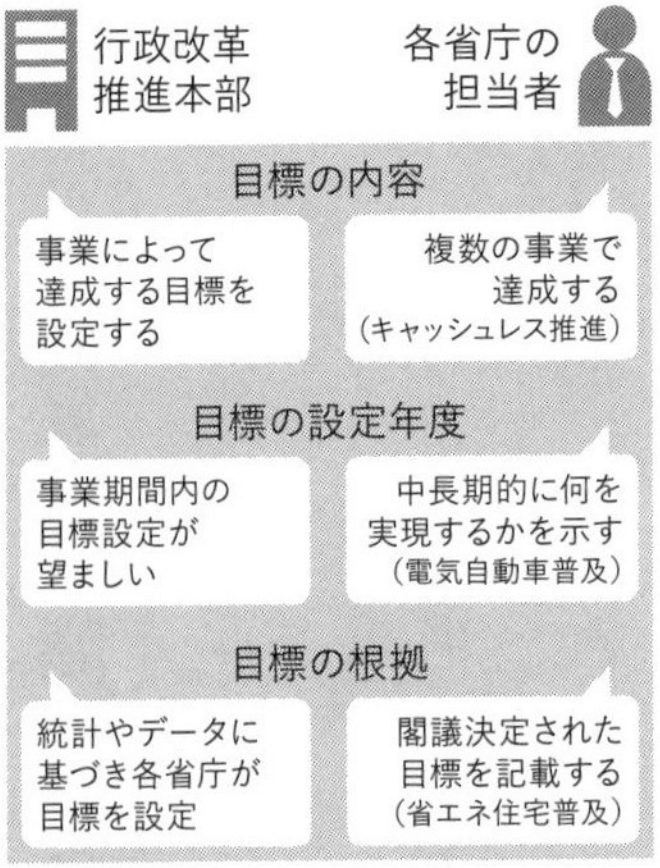

（注）取材に基づく。カッコ内は担当事業

欧米を中心にＥＢＰＭ（証拠に基づく政策立案）は広がっているが、具体的な数値目標を立てにくい政策分野があるのも事実だ。ただ、その場合でも客観的に評価できるような定性目標を掲げる必要がある。西出教授は「日本でも予算審議の際に政府が成果目標を明示し、事後に検証する仕組みが必要だ」と訴える。

3 デジタルに逆行、間違いだらけの情報公開

政府支出データの評価、日本は中国と同等

100点満点中、わずか5点――。

インターネットの有効利用を促す国際団体、ワールド・ワイド・ウェブ財団が2017年度に実施した各国政府のオープンデータ評価によると、政府支出部門で日本は情報公開の不透明さが指摘される中国と肩を並べる厳しい結果となった。情報先進国である英国の90点、米国の85点から大きく水をあけられている。

日本は国勢調査や地図、選挙結果などの部門で95~100点の高評価を得ている。なぜ政府支出部門ではこれほどまでにひどい得点となったのか。

取材班は第2章で詳述した国の基金事業の検証過程で、その要因を目の当たりにした。政府は政策効果を自ら検証することに後ろ向きであるだけでなく、国民がデータに基づいて政策を網羅的に分析する作業を妨げているとも言えるほど、ずさんに情報を管理していた。

複数年度にわたる資金を確保する基金事業の検証で使ったのは「基金シート」だ。所管省

庁は基金存続中に毎年度、国費投入額や収支、残高、支出先、目標の達成度などを記載し、ウェブサイトで公開している。個別基金の決算書のようなもので、内閣官房の行政改革推進本部がひな型や記載ルールを定め、内容を確認している。

誰でも二次利用できるオープンデータなので、企業や研究機関、個人はこれを活用して国費の使われ方を検証できる。コンピューター処理で時系列や省庁横断の分析を容易にするには加工しやすいよう書式を統一しておくべきだが、全く徹底されていないのだ。

「神エクセル」の悪弊

その問題は大きく分けて3つある。

ひとつ目は公開するファイルの形式だ。ワールド・ワイド・ウェブ財団の評価作業に参加した筑波大の川島宏一教授によると、英米政府のオープンデータは「CSVファイル」で公開するのが一般的だ。一方、基金シートは「Excel（エクセル）ファイル」。いずれも米マイクロソフトの表計算ソフト「エクセル」で閲覧・編集が可能だが、CSVが項目名とデータをシンプルに縦横に並べただけの簡易な表現でほかのソフトウエアでも読み取りやすい互換性の高い形式であるのに対し、エクセルは見栄えを良くする装飾機能や計算機能を充

多数の記載ルール違反が見つかった基金シート。
紙に印刷することを前提とした情報公開は
データとしての質が低下する（日本経済新聞社提供）

実させる代わりに互換性が低い。

つまり、英米などの公開方法は様々なツールでデータを読み込み、自動処理することを志向している。日本は人が目視する前提でデータを公開している。人が手作業で処理できるデータの量はたかが知れている。データの量が増えるほどコンピューターの力に頼る必要が出てくるので、ＣＳＶの方がデータ分析に適していると考えるのが自然だ。ちなみに取材班が分析対象にした２０２１年度までの９年分の基金シートは計１６７０ファイルだった。

さらに厄介なのは、内閣官房の行政改革推進本部が定める基金シートのひな型はＡ４用紙での印刷に適した形にするため、ひとつひとつのマス目である「セル」の結合など装飾機能をふんだんに使っている点だ。印刷前提のファイルは「神エクセル」というスラングで批判されている非効率の象徴だ。セル結合はデータの互換性を劣化させる。なかにはエクセルシートをわざわざ印刷したときのイメージで示す「ＰＤＦファイル」に変換して基金シートを公開している例もあった。川島教授は「人が見やすいエクセルファイルで公開する場合も、あわせてＣＳＶを公開して広く分析を促すべきだ」と指摘する。

通し番号なく、時系列分析に壁

ふたつ目の問題は各基金事業に通し番号が振られていないことだ。基金シートは毎年度、事業ごとに作成するが、各年度のシートが同じ事業の内容に基づくものなのか、通し番号がないために判断しづらいのだ。

「国費解剖」シリーズでは事前に公表された基金の利用見込みが実績と大きくかけ離れていることで、不要な資金が滞留している問題を指摘した。年度をまたいで見込みを示した基金シートと実績を示したシートを比較したからこそできた分析だ。しかし、それぞれの基金シートが同じ事業なのか容易に判断がつかないケースが多くあった。

ひとつの基金名で複数の事業がぶら下がっている場合は、基金名と事業名の両方を突き合わせて同一性を判断しなければならない。なかには基金名も事業名も同じ基金シートが同じ年度に複数あるケースがあった。複数の省庁が関与する事業をそれぞれの省庁が同じ内容で公表しているものもあれば、基金名も事業名も同じなのに造成法人が異なり、事業内容が変わっているものもあった。

取材班はデータを何度も検証して基金名、事業名、造成法人名を突合して事業の同一性を判断できる方法を見つけ、重複シートの削除や時系列でのデータ統合が可能になったが、それでもなお事業名や法人名を途中で変更していたために再検証が必要な事例があった。

基金シートのルール作りを担う行政改革推進本部の担当者は取材に対し「コンピューターでの分析や時系列で分析することを全く念頭においていなかった」と回答した。

基金シートの5割に記載ルール違反

3つ目の問題は作成主体である各省庁に根ざすものだ。行革本部のルールに反する形でデータを入力しているのだ。2018〜21年度に公開された基金シートの計675ファイルを調べたところ、うち半分超の340ファイルでルール違反が見つかった。項目別で見ると403件で正しくない記載があった。

最も多かったのは書き方が作成要領に沿っていないケースだ。その数は単純なものを含めて302件。造成法人や支出先の法人形態は「一般財団法人」などと正確に記載する必要が

基金シートのミスの類型

		誤	正
情報の抜け落ち	補正予算の次数	補正	第2次補正
	法人形態	日本商工会議所	特別民間法人 日本商工会議所
	元号	24年度	平成24年度
作成要領に違反	百万円単位で数字のみ記載	2,000百万円	2,000
	法人形態は正式名称	(独)	独立行政法人
	チェックボックスはレ点	■	☑

あるが、「(一財)」などと勝手に省略した例が32件あった。金額を示す項目は百万円単位で数字だけを記すルールだが、数字の後に「百万円」という文字を加えている事例が19件あった。

書式がバラバラな記載は人が理解できても、コンピューターが判別するのは難しい。同じ法人でも略称は別法人として処理してしまう。数字に「百万円」が加わるとコンピューターが文字データとして取り扱うため、計算作業ができなくなる。大半はチェック欄の記入形式を守っていないケースだが、これもデータの正しい分類を妨げる。

記載すべき情報が抜け落ちているケースはルール違反全体の4分の1にあたる99件だった。法人形態や基金設置年の元号を記していない事例が目立つ。ワクチン開発を支援する基金事業は、支援の申請受付終了の時期を定めていない理由を示していなかった。

明確なルール違反ではなくても、省庁のミスは数多くある。例えば数字の表記を半角と全角で統一していない。データの入力のミスにとどまらず、行革本部のひな型を勝手に変更してセルを結合していた事例もあった。いずれもコンピューターによる分析を阻害する。

最後は目視で確認する羽目に

取材班がこの3つの問題にどう対処したかも解説しておこう。

まずは作業を自動化するRPA（ロボティック・プロセス・オートメーション）を3種類作成し、省力化を試みた。基金シートは各省庁のホームページに散逸しているので、自動でファイルを収集するRPAを作成した。次に大量のエクセルファイルをCSVファイルに自動変換するRPA、最後に変換した大量のCSVファイルから重要なデータを抜き出してまとめ直すRPAだ。これらを活用してコンピューターが処理しやすい形式にデータを変更した。これを検証することで、通し番号の代わりに基金名と事業名と造成法人名により同一性を判断できる方法を見出せた。

しかし、膨大な記載ルール違反が影響して、結局RPAをいくら作り込んでも転記ミスや統合が不可能なデータが2割程度混じった。ここで省力化は限界と判断し、その後は取材班の記者7人が5回にわたって、データを目視して確認・修正した。

1670ファイルのデータを記事の利用に堪え得るレベルまで加工し終わるのに約3カ月かかった。すべて紙の資料しかなく、手作業や目視で同じデータベースを作らなければならないとしたら、半年ほどかかっていたかもしれない。それに比べるとRPAの活用はかなりの時間短縮につながった。しかし、もし基金シートがひとつのCSVファイルの形でまとめて公表されていたら、さらに各基金に通し番号が付いていたら、ルール違反なくデータが公開されていたら、この作業はせいぜい半日で終わっていただろう。

4 脱炭素基金、採択根拠の開示後回し

2兆円の8割は決定済み

「今後10年間、官民協調で150兆円超の脱炭素分野での新たな関連投資を実現する」。岸田文雄首相は2022年5月、首相官邸で開いた有識者懇談会の会合でこう表明した。あわ

せて脱炭素社会に移行するための投資などに使い道を限る新たな国債「GX（グリーントランスフォーメーション）経済移行債」を発行することも明らかにした。民間投資の呼び水として20兆円規模の政府資金を投じるための原資を賄うという。

それからしばらくたった同年夏のことだ。「GXに向けて国が先行投資しても、民間がちゃんと脱炭素につながる投資をしなければ意味がない。グリーンイノベーション基金（脱炭素基金）だって、産業界が目的にかなった投資をしているか見ておかないとね」。ある財務省の官僚から、2021年度第3次補正予算で作られた2兆円基金の支出が目的にかなった民間投資につながっているかを検証するのが経済メディアの役割だと諭された。

グリーンイノベーション基金は、2050年までに温暖化ガスの排出を実質ゼロにする目標の実現に向けて、企業の研究開発から実用化までを最長10年にわたり支援するために作られた。経済産業省や財務省は当初、基金の規模を1兆円規模とすることで調整を進めていたが、当時の菅義偉政権の意向で最終的に2兆円という異例の規模でまとまったことは第2章でも触れた。

具体的な内容よりも規模を優先して設立されたようなもので、脱炭素につながらない企業へのばらまきに陥れば、大問題だ。早い段階から検証するために執行状況を調べ始めた。

基金設置法人は新エネルギー・産業技術総合開発機構（ＮＥＤＯ）で、洋上風力や自動車・蓄電池など重点分野のプロジェクトに対して、進捗状況などに応じて補助金や委託費を交付する。２０２１年８月に最初の採択企業を決定し、取材時点では19事業のうち16事業で支援先の採択が済んでいた。採択済みの事業に割り当てた予算額は最大約１兆６４００億円で、総額の８割分の割当先が決まっていた。

割当先が決まった事業

（億円）

洋上風力発電の低コスト化	1,195
次世代型太陽電池の開発	498
水素サプライチェーンの構築	3,000
再エネ由来電力による水素製造	700
製鉄プロセスにおける水素活用	1,935
燃料アンモニア供給網	688
二酸化炭素を用いたプラスチック原料製造	1,262
二酸化炭素を用いた燃料製造	1,152.8
二酸化炭素を用いたコンクリート製造技術	567.8
二酸化炭素の分離回収技術	382.3
次世代蓄電池・モーターの開発	1,510
車載コンピューティング技術	420
スマートモビリティ社会の構築	1,130
次世代デジタルインフラの構築	1,410
次世代航空機の開発	210.8
次世代船舶の開発	350

（注）2022年8月時点

守られていなかった規定

グリーンイノベーション基金は前例のない長期支援だけに、いったん採択してしまえば巨額の国費が目的外の事業にも使われかねない。このため経産省が定めた運営方針では、取り組みが不十分な企業には事業を停止し、補助金や委託費の一部を返還させる規定を盛り込んでいる。この規定を空文化させないため、経営者の関与などを盛り込んだ採択企業の長期戦略ビジョンを「ＮＥＤＯのホームページで公表する」ことも定めている。経営者によるプロジェクトへの指示や投資家向け広報（ＩＲ）資料への記載など経営戦略上の位置づけも明記させ、年度ごとに更新させることも明記している。

まずはこの決まり事がしっかり守られているかどうかを確認しようと考え、ＮＥＤＯのホームページで公表されている資料をあさった。

ところがいくら探しても、長期戦略ビジョンが見当たらない。最初の採択決定から1年が過ぎ、8割もの割り当て先が決まっているにもかかわらず、だ。経産省に電話で書類が公表されていない事実を指摘したら、「企業秘密の除外やＮＥＤＯホームページでの公表体制の整備などで時間がかかっている」と返答した。

取材後、唐突にホームページで公表

運営方針は企業側による公開までは義務づけていない。採択の根拠や企業の推進体制はＮＥＤＯが開示しない限り検証する方法がない。国費の配り先だけ決めて、採択企業の長期ビジョンを公表しないのはおかしいのではないか。そう経産省の担当者に疑問をぶつけた。それから2週間ほどたった2022年8月31日。NEDOは、唐突にホームページで資料の開示を始めた。経産省の担当者は「開示されていないとの指摘を受けて、体制整備を急がせた面もある」と語った。

2022年度第2次補正予算では、グリーンイノベーション基金への3000億円の積み増し経費が計上された。脱炭素社会の実現には初期の研究開発を国が助けてロケットスタートを切ることが必要だ。グリーンイノベーション基金や20兆円規模とされるGX投資は、そのエンジンであることは否定できない。

一方で脱炭素を追い風に、漫然と補助金を垂れ流すだけでは民間投資の呼び込みにはつながらない。基金は計画的に予算を投じられる利点がある一方で、いったん国費が投入されると国会の監視が働きづらく、非効率な運用を招きやすいとの批判も根強い。情報開示は、規律ある支援を実現するための最低条件ではないだろうか。

インタビュー
政策検証、どう根付かせる

「第三者機関による客観的評価を」
▼明治大 西出順郎教授

政策効果を検証する仕組みが日本の行政機関に導入され始めたのは1990年代後半だ。当時はカラ出張や官官接待、大蔵省（現・財務省）の接待汚職事件といった公務員の不祥事が相次ぎ、国民の行政不信が高まっていた。国や自治体の財政状況が悪化するなか、いわゆる「ハコモノ行政」と呼ばれる多額の公共事業投資など、税金の無駄遣いや非効率な政策が厳しく批判され、国や自治体が行政改革を推し進めるきっかけとなった。

1996年に三重県が日本で初めて全庁的な政策検証の仕組みを取り入れ、その後、全国の自治体に広まった。国も行政改革の目玉として2001年に「政策評価制度」を導入し、各府省が自ら政策効果を把握・評価し、その結果を政策に反映させることを目指した。2010年度からは対象をより細かい事業単位に分け、約5000事業を網羅的に検証する「行政事業レビュー」を始めた。しかし、こうした制度が十分に機能しているとは言いがたい。それにはいくつか理由がある。

まず、現行制度は自己評価が原則で、どうしても内容が「お手盛り」になってしまう。政策の評価結果は政策関係者にとって成績にあたり、都合の悪い結果はなるべく出したくない。政局の火種を作ることにもなりかねない。失敗から学べればいいが、現実には組織内外で失点と見なされ、担当者の評価を落とす原因になる。そのため、政策効果の検証に消極的になりやすい。評価シートも形だけのものになってしまう。

政策効果を精緻に評価しようとすると、評価基準がひとつに絞れないことも一因だ。大学教育の効果を検証する場合、学生の理解度や就職状況、コミュニケーション力など、評価基準はいくつも設定し得る。今は社会構造が複雑になり、国民の価値観が多様化していることから、政策は多面的に制度設計されている。効果を測る物差しはひとつではないため、評価する人の考え方や立場によって評価結果が変わってしまう。

不幸なことに政策の評価制度は存在するが、実際に政策形成に反映されることはほとんどない。評価シートを作ること自体が目的化してしまえば、作ってもあまり意味がなく、政策担当者が真面目に取り組む動機は働きにくい。

政策検証を十分機能させるには、政府から完全に独立した第三者機関を設け、客観的に検証する仕組みが必要だ。歴史的な経緯からも明らかなように、政策検証は税金を負担する国民に国が説明責任を果たすために実施する。自己評価が原則の現行制度では検証が甘く不十分になりやすい。政府から完全に独立した検証機関が担うことが望ましい。

政策の評価基準をあらかじめ設定しておけば、より客観的な評価が可能になる。国会の予算審議では予算額や政策の内容を議論することはあっても、想定する政策効果についてはほとんど議論されない。本来であれば「これだけの政策効果を得るために、いくらの予算が必要か」という視点で話し合うべきだろう。内閣が国会に提出する予算案には、費目や金額だけでなく、難しくとも具体的な成果目標を盛り込むことが求められる。

そこで重要になるのが野党の役割だ。与党が進める政策の効果を野党が科学的根拠に基づいて評価・分析できれば、競争関係が生まれて政策議論が深まり、政策の質も向上する。政党交付金をうまくやり繰りし、調査研究費をより充実させてほしい。

社会は評価結果に客観的であることを求めるが、その実務プロセスは政治的な影響を受けやすい。与野党の政治家は、政策決定者として与党の政策評価と野党の評価をぶつけあう場を設け、政策効果の真価を問う機会を国民にしっかりと提供すべきだ。

番外編

国債利払い費は補正の「隠し財源」

10年で11兆9000億円の利払い予算が転用

政府が国債の償還や利払いに充てる国債費を「隠し財源」として使っている。日本経済新聞の分析では、2012～21年度の利払い費予算の12％にあたる11兆9000億円が景気刺激などほかの政策に転用されてきた。これまでは日銀の金融緩和で金利が下がり、利払い費が常に余る状況が生み出されてきた。足元では、日銀が緩和修正に動き、金利が上昇に転じている。そうなれば利払い費の余りをあてにできず、同じ発想で財政を運営することは許されなくなる。

国債費の中で利払いに備える費用は2012年度からの10年間で総額93兆5000億円だった。特定の目的で確保した予算が余った場合、年度末に剰余金として国庫に戻すのが基本だ。国庫に戻したお金は借金の返済などに使われる。

これに対し、近年繰り返されてきたのが利払い費の減額補正と呼ばれる措置だ。2012年度は10年金利2％の前提で予算を編成し、実際には1％未満で推移した。結

過去10年に計上した利払い費の12%が「隠し財源」に

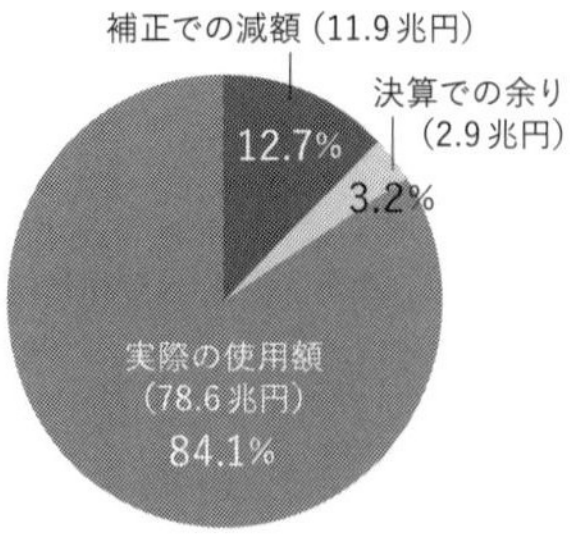

（注）政府の予算・決算から作成。
端数処理の関係で総額は本文と一致しない

果的に利払い費が余ったが、年度末を待たず年度の途中で利払い費の必要額を減らした。

10年間の利払い費の減額補正を積み上げると11・9兆円に達し、予算計上した利払い費全体の12・7%を占めた。年平均で1兆円を上回る数字が減額された計算だ。

多くの補正予算は、景気底割れを防ぐ経済対策の裏付けとして編成される。こうしたケースでは国債の追加発行と並び、利払い費の減額分も実質的に補正の財源として扱われる。減額した上でもなお、最終的な決算で計2・9兆円の利払い費が余っていた。ゆとりをもって利払い費を計上する理由について、財務省主計局は「期中に長期金利が1・1%上昇したことが過去にあった経緯を踏まえている」と説明する。

「隠し財源」が膨らんだ背景には日銀の金融緩和がある。2012年度末に就任した黒田東彦総裁は2013年春に国債の大量購入を軸とする異次元の金融緩和を開始。

2016年に短期金利をマイナス0・1%、長期金利の指標となる10年物国債利回りを0%程度に誘導する長短金利操作（イールドカーブ・コントロール）も導入し、国債を買い進めた。

分析の対象にした2012~21年度の10年間はほぼ一貫して長期金利が低下した。日銀が繰り出す新手法に市場が反応して金利が低下し、結果として政府の財政運営を助けた10年間だったと言える。

通常、補正予算を組む際は国債をいくら追加発行できるかが意識される。利払い費という別の財源があるため、補正の規模が大きくなりがちとの分析もある。白鷗大の藤井亮二教授は「緊急の必要性が疑わしい事業が紛れ込む一因になっている」と指摘する。

低金利の恩恵、限界に

もっとも、利払い費の余裕は狭まりつつある。米国をはじめとする主要国は、インフレ抑制に向けて急ピッチの利上げを進める。日本の10年債利回りにも上昇圧力がかかり、最近は日銀が上限と位置づけていた0・25%近辺に張り付いていた。

そして2022年12月。日銀は長期金利の変動幅をプラスマイナス0・5%程度に広げることを決定。実質的な利上げに踏み切り、従来の緩和策を修正した。

緩和修正前に第一生命経済研究所の星野卓也主任エコノミストが試算したところ、10年債利回りが0・25％で推移する場合、2022年度の利払い費は7兆4800億円になり、2021年度の約7兆円から上昇に転じる。さらに金利が上がれば利払い費の増加に結びつく。低い金利がさらに下がる環境で生じる国債利払い費の余りを補正予算の財源に当て込むのは、日銀の金融緩和が続く見通しがあればこそ可能になる。財政が膨らむから日銀が金融緩和の継続にこだわる皮肉な状況に陥っていた。

黒田総裁は2023年4月に任期満了を迎える。新総裁の下では金利が上昇する局面を迎える可能性がある。利払い費に余裕を持たせようとすれば、国債費の膨張に拍車をかけてしまう。金利が下がるから利払い費の余りが増える恩恵もこれまでのように期待できなくなる。

利払い費の積算を精緻にしつつ、その余りを財源に当て込まない堅実な財政運営へ改める必要がある。

第6章

国と地方、無責任の連鎖

1　コロナ交付金、「ばらまき」の原資に

「喜びの声だけは聞いている」

２０２２年10月、鹿児島空港を出発してから約2時間半。バスを2本乗り継いで到着した鹿児島県東串良町には見渡す限りの田畑が広がっていた。農業が盛んな人口約６５００人のこの町を訪れたのは、宮原順町長にインタビューするためだった。

町は２０２０～21年度、すべての住民に現金を配っていた。3回に分けた「えがお支援給付金」は1回目が1人あたり1万円、2回目は2万円、3回目は1万円。これとは別で高校生に1人3万円、大学生や専門学校生に5万円、特産のメロンを作る農家にはハウス１００平方メートルあたり1万円を支給した。

この町のどこにそんな資金があるのかと思ってしまいそうだが、実は財源がある。「新型コロナウイルス感染症対応地方創生臨時交付金」である。最初の緊急事態宣言に合わせ、コロナ感染拡大の影響を受けた地域の経済や暮らしを支援する資金を国から地方自治体に配るために創設された。各自治体は人口や財政状況に応じて国が決めた交付限度額の範囲

内で新型コロナ対策の実施計画を策定し、その費用の全額または一部を国に求める。政府は補正予算や予備費を使って臨時交付金の上積みを繰り返し、当初1兆円だった予算規模は2022年12月時点で総額17兆1260億円まで膨れ上がった。

東串良町は2020～21年度に計3億7200万円の臨時交付金を国から受け取り、25件の事業に充てた。充当額が2億5000万円と最も大きかったのが、一連の現金給付だ。コロナ対策として全住民に現金を配った効果はあったのだろうか。それを聞きたくて、町を訪ねたのだった。

地方創生臨時交付金の流れ

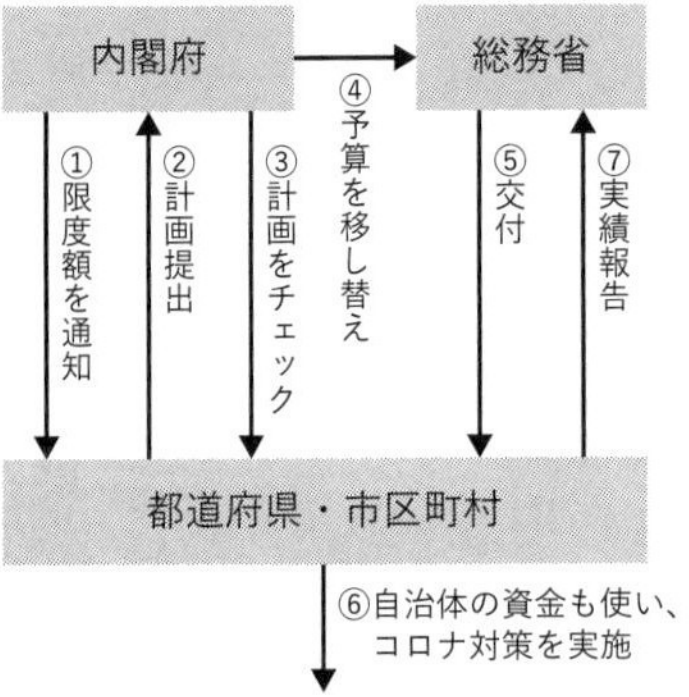

町長室で取材に応じた宮原町長は、まずこう説明した。「町民が元気を出すには現金がいい。コロナの真っ最中はとにかく苦しいだろうという気持ちがあった」。現金を配った狙いは「ばらまきではなく、おカネを循環させるためだ」という。肝心の効果はあったのかを問うと「各家庭の事情もあるだろうし、懐具合を聞いたこともないが、とにかく『あ

りがとうございました』という喜びの声だけは聞く。効果があったと自負している」と強調した。

町役場に近い住宅街や商店街を歩くと「うちの町は支援が手厚い」と町の政策を評価する声をいくつも耳にした。メリットを感じやすい現金や商品券の給付は住民の支持を得やすいようだ。一方で、ある町議は「いつまでも臨時交付金は続かない。一時的なばらまきで住民を喜ばせるより、産業振興に使った方が有益だと思うのだが……」と嘆いていた。

臨時交付金の使途は原則、問わず

この臨時交付金、総額17兆円の予算のうち、時短要請に応じた事業者支援やコロナ検査費用などの特別枠を除く5兆円は「地方単独事業分」とし、コロナ対応であれば使途を原則問わない。国は地域の実情に応じて、各自治体がきめ細やかに必要な事業を実施できるようにするためだとしているが、果たして必要な事業だけに使われたのだろうか。各自治体が国に提出した実施計画の一覧は内閣府のウェブサイトに掲載されている。まずはこの中身を詳しく調べてみることにした。

プレミアム付き商品券の販売や発熱外来設置、生活困窮者への支援金、観光地ＰＲ……。

実施計画には、自治体が臨時交付金の活用を見込む様々な分野の「コロナ対策」が並ぶ。その数は2022年8月末時点で都道府県と市区町村分を合わせ15万件超となっていた。

その中で目を引いたのが現金や商品券の一律給付だった。東串良町は特別ではない。所得や年齢による制限を設けず、全住民、全世帯を対象に現金や商品券を配る自治体が次々と現れたのである。

紀伊半島の中央部にある人口400人余りの和歌山県北山村。面積の97%を山林が占めるこの村でも多額の現金給付が繰り返されていた。2020年度に2回に分けて住民1人あたり計6万円を支給。2021年度は1世帯あたり2万円を配り、22歳以下と65歳以上の住民に1万円を上乗せした。担当した地域事業課によると目的は住民の生活支援だったという。村の職員は「コロナ禍の具体的な影響は分からなかったが、負担

総額17兆円の地方創生
臨時交付金の使途は様々だ

暮らしや仕事の支援
• 生活困窮者の家賃を一部補助
• 時短営業に応じた事業者への協力金
感染拡大防止
• PCR検査費用の助成
• 保健所機能の強化
• 公共施設の検温器設置
経済活動の回復
• プレミアム付き商品券の販売
• 観光イベントの実施
経済構造の強化
• テレワーク推進
• 企業支援の環境整備

（注）自治体の事業計画を基に作成

臨時交付金の活用状況
（自治体数ベース）

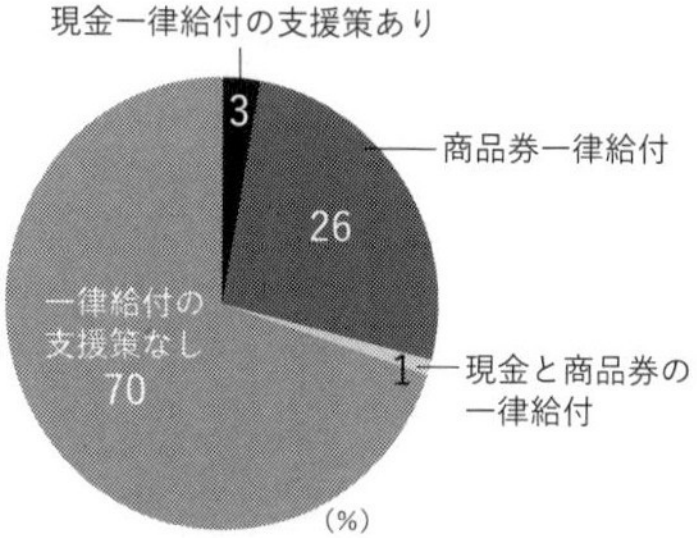

（注）1741市区町村の事業計画を基に作成。各自治体は複数のコロナ対策を実施

が増えた住民にコロナ対策として使ってもらいたかった」と説明した。

高額所得者が多い東京都千代田区も2020年度に1人12万円を配った。コミュニティ総務課は「様々な要望に素早く対応できる」と主張した。総事業費の大半は自主財源で賄ったものの、5億7000万円分は臨時交付金を充てた。

自治体の3割が全住民に現金・商品券

これは世に言う「ばらまき」ではないか。いったいどれほどの自治体が現金や商品券の一律給付を計画で掲げているのだろうか。

2022年8月末までに全国1741市区町村が内閣府に提出した臨時交付金の実施計画を分析したところ、全住民または全世帯に現金を配るとしたのは68、商品券は480あり、現金と商品券を両方配ったケースを考慮すると、全体の3割にあたる523市区町村が現金や商品券を無条件に一律給付する計画を立てていた。

商品券が多いのは地元での消費押し上げ効果を期待しているためだ。山梨県身延町は2020〜21年度、全住民を対象に商品券を2回に分けて計6万円分配布した。かかった費用6億7000万円のうち7割強にあたる4億9600万円分は臨時交付金を充当した。地元での消費を促すため、商品券は町内の店舗でしか使えず、使用期限も設けた。

費用対効果は薄く

ただ、現金や商品券の給付は費用対効果が薄いとされる。内閣府の試算によると、リーマン危機後の2009年に全世帯に支給した1人1万2000円分の定額給付金は国費1兆9367億円に対し、消費押し上げ効果は25%分。残りは貯蓄に回った。1999年に配った地域振興券も消費を喚起したのは3割分だったという。主に生活必需品の購入に充てる場合、使うはずだった自分のお金が、給付された現金や商品券に置き換わるだけで、よけいに買い物をしようという動機づけに必ずしも結びつかないと見る識者は多い。

コロナ禍における一律給付の先例は国が2020年度に実施した1人10万円の特別定額給付金だ。この給付金でさえ、当時はばらまきとの批判があった。自治体が臨時交付金を原資に独自に一律給付を行うのであれば、上乗せするだけの理由が必要だろう。臨時交付金の実施計画を読む限り、説明が十分と言える事業は見当たらない。社会保障が専門の学習院大の鈴木亘教授は「交付金を充てれば自治体負担は少なく、モラルハザードが起きやすい」と指摘する。

国はカネを出すが、事業は自治体任せだ。計画は内閣府が数十人で確認するものの「待った」がかかる例はまれだ。自治体は限度額を目いっぱい使おうとし、効果が薄い事業が紛れ込みやすくなる。それぞれの責任は曖昧だ。関西にある市の財政担当は「コロナに絡めれば費用対効果を考えなくてよい」と明かす。

構造的な問題もある。日本のマイナンバーは税・社会保障の情報や銀行口座とうまく連携していない。一部自治体は条件付き給付にすると審査に手間がかかると考えた。とはいえ低所得者やひとり親に絞って給付する例も多く、緊急的な施策への自治体の対応力に差が出ている。支援が必要な住民に効率よく給付できるデジタル基盤を国が整えないまま、巨費を地方に注いだことがメリハリを欠く施策の横行を招いているのだ。

日本の財政に詳しい慶応大の井手英策教授は「財源が限られるなか給付対象を絞るべきだ。国は住民の経済状況を把握し、必要な人に直接給付する仕組みづくりを急がなければならない」と指摘する。

臨時交付金を所管する内閣府地方創生推進事務局に見解を問うと、現金給付については「2021年2月以降は、合理的な範囲でやるよう事務連絡で求めている」と釈明した。一方、商品券については「地域経済を支えるためには一律配布で構わない」と答えた。

ポイント還元も過熱

現金や商品券の一律給付のほかにも、臨時交付金を使った「ばらまき色」が強い事業がある。キャッシュレス決済時のポイント還元キャンペーンだ。

「最大30%戻ってくる」。2022年9月、東京都東大和市の飲食店や商店に市のキャンペーンポスターが張り出された。対象店でスマートフォン決済した客にポイントを還元する。実施は8回目。1億円超を見込む事業費の一部は臨時交付金で賄う。

同市が2020年9月以降、7回目のキャンペーンまでに還元したポイントは総額4億9000万円で、運営費3000万円と合わせ、5億円以上を費やした。参加店は当初の183店から470店超となった。産業振興課は「国からの財源がある限り続けたい」とする。

ポイント還元は実施する自治体の住民以外も恩恵を受けられるため、キャンペーン中の自治体にわざわざ出向く人もいる。全国の自治体のホームページを確認したところ、2020年9月末までに320を超える自治体が実施していた。多くはコロナ禍の経済対策と位置づけ、臨時交付金を活用している。

こうしたキャンペーンには課題もある。一つは公平性だ。還元対象の決済手段はほとんどがスマホで、持っていない人は恩恵を受けられない。総務省の通信利用動向調査によると、2021年8月末時点のスマホの国内世帯普及率は89%だが、世帯年収が200万円未満に限ると64%、200万円以上400万円未満で85%と平均を下回る。

各国のキャッシュレス事情に詳しい東洋大の川野祐司教授は「スマホの利用が前提になると、低所得者ほど恩恵を受けにくくなる。ICカードなど多様な決済手段に対応すべきだ」と訴える。

安易なポイント還元が混乱を招いたケースもある。

「衝撃の50%還元」と銘打ち、臨時交付金で2021～22年に2回実施した千葉県習志野市。JR車内に広告を出した2回目は市民以外の利用が殺到し、1カ月の予定を10日で打ち切る事態となった。還元額は想定の3500万円に対し、実際には1億3700万円もかかった。差額分はほかの臨時交付金事業の残金をかき集めるなどして工面したといい、産業振興課の担当者は「予算の上振れリスクがあり、もうできない」と話した。

2021年2月に実施した富山県射水市では大型商業施設に買い物客が押し寄せ、周辺で交通渋滞が発生した。国からの交付金5億6000万円を経費に充てたが、こちらも1カ月の予定を10日間で中止した。商工企業立地課は「感染リスクの回避が難しくなり、早期に終了した」と説明する。コロナ対策で取り組んだ事業が、逆効果となった皮肉な展開だ。

コロナ禍で全国に行き渡った巨額の臨時交付金は、国と地方がそれぞれの責任の所在を曖昧にしながら、場当たり的な政策や対策に突き進んでいく実態を浮き彫りにした。

もちろん未曽有の危機には素早く対処する必要があった。だが国費を投じるからには、その使い道をチェックし、検証する責任が国にはある。

自治体も自主財源でないからといって、ずさんな使い方をしていいわけではない。国民の税金を費用対効果の薄い事業、無駄な事業で浪費しかねない。国と地方による無責任の連鎖を放置すれば、日本の財政はますます歪む。

2　デジタル街づくり、実用化断念の必然

眠ったままのタブレット端末

沖縄本島から西に約100キロメートルの場所にある人口7000人ほどの離島、久米島町。2013年度、ここで国費を使ってICT（情報通信技術）を活用した街づくりの実証実験があった。島全域に無線通信網を整え、複数の農家にタブレット端末を配布。畑で採れすぎた野菜のデータを入力してもらい、島内のホテルや飲食店に販売する地産地消の取り組みだ。農作物の廃棄が問題になっていた町にとって願ったりかなったりの実験だったはずだが、実用化に至らず終了したという。

記者は実用化断念の原因を探るため、東京から久米島に飛んだ。町役場でプロジェクトを担当していたという職員が取材に応じ、いきさつを説明した。

実験開始時は無線通信「Wi-Fi（ワイファイ）」のネットワークを観光客向けに整備する自治体が出始めていた時期。久米島町も着目し、農作物の地産地消などとあわせて国に環境整備を提案し採択された。国から委託費として約7200万円が入ってきた。

しかし、実際に整備してみると電波が山林に阻まれ、島の半分程度ではつながらなかった。農家の多くは高齢者のため、タブレット端末を好んで使う人がほとんどいなかった。野菜については一定の品質と量を定期的に確保したいホテルや飲食店に対し、島内の農家では供給量が乏しく、規格もバラバラだったため、ホテルが食材として使いづらいという問題も起きた。町はしばらく実験を続けたが、2018年度で事実上終了した。役場の倉庫にはシステムが起動せず、気泡緩衝材に包まれたタブレット端末が眠っている。

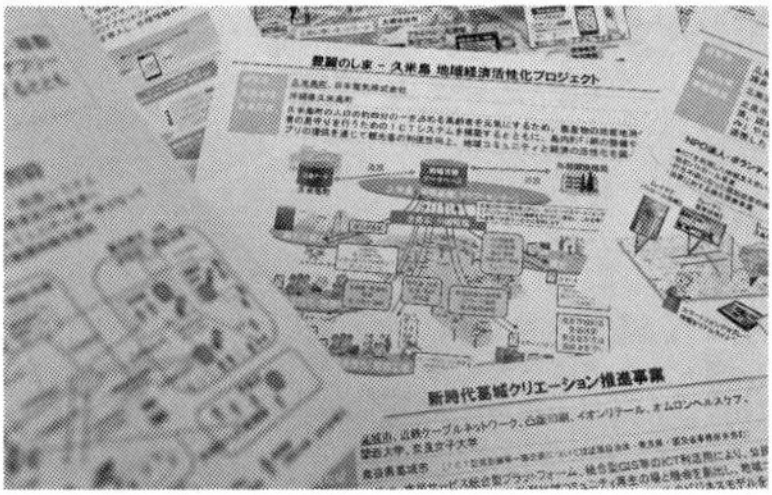
国が主導した地域のデジタル化を進める実証実験は壮大な計画が相次いだ

見通しが甘かったのではないか。担当した職員は「町で運営するための人件費や保守費用を捻出する議論は煮詰まらず、とりあえず実験をスタートしてから考えようという話で終わってしまった」とこぼした。

町民からの期待はあった。「育てた野菜がホテルの客に提供された時はうれしくて周囲に自慢した」。コールラビなどを栽培する大田英二さんは実験に参加した当時の感想をこう語る。ただ、野菜の仲介を担ったＮＰＯ法人「くめじま」の松山悦子さんは「農家に回収に行くと『すでに食べてしまった』と言われたこともある。役場が農家に事業の内容や狙いを丁寧に説明すれば結果は違っていたかもしれない」と悔しげな表情を浮かべた。

10年前の実証実験、約7割は成果残らず

久米島町の取り組みは2012～14年度に実施した「ICT街づくり推進事業」のひとつだ。実施要領には目的として「災害に強い街づくり、地域が複合的に抱える諸課題の解決、経済の活性化・雇用の創出、国際社会への貢献・国際競争力の強化などを可能とする『ICTスマートタウン』の先行モデルを早期に実現する」とある。実証実験は自治体が企業や大学と連携して提案し、総務省が審査した上で国の事業として委託する仕組みだった。

同省は実験に向けた調査事業を含めて計42件を採択し、計35億円を投じた。先端技術で都市機能を高めるスマートシティーの原型との位置づけである。現在スマートシティーを巡っては内閣、経済産業、国土交通、総務の4府省で関連事業を実施するまでに拡大し、全国各地の取り組みに補助金などで支援し続けている。

取材班がICT街づくり推進事業に着目したのは、スマートシティー事業の先駆けであ

り、10年ほど過ぎていれば、その成否がはっきりしているだろうと考えたからだ。実験ありきで始めてしまい、久米島町のように頓挫しているケースが多いのではないか。安易な計画や発想で実験を繰り返していれば、それだけ国費が無駄になっていることになる。採択された42件がその後、行政サービスなどの構築につながったのか調べてみることにした。

全自治体の担当部局に聞き取り、自治体としての正式回答を書面などで得た。国への報告資料を取り寄せたり、当時の担当職員に話を聞いたりして、その後の経過を追った。これらの情報を基に採択案件の結果を分類すると「ほぼ計画通り実用化」が14％（6件）、「一部計画を実用化」が19％（8件）。「一部実用化したが終了」が7％（3件）、「ほぼ実用化せず終了」が60％（25件）に上った。計67％が成果を残していないことになる。

ＩＣＴは日々進歩しており、当時のシステムをそのまま活用していることは考えにくい。このため今回の分類では、当時のままでなくても実証実験の目的や狙いが生きたＩＣＴの行政サービスが残っているかで判

成果が残らないケースが約7割

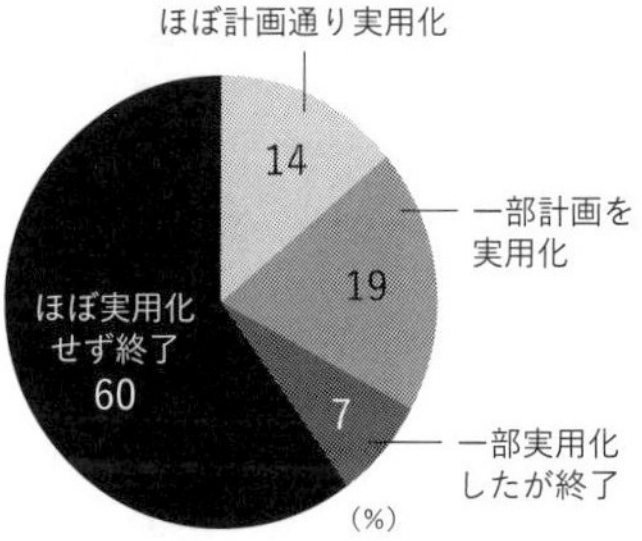

（注）2012〜14年度「ICT街づくり推進事業」の委託先自治体などへの取材を基に判断

断している。

ユーチューブチャンネルが成果？

実証実験なので、ある程度の失敗は許容される。ただ取材を進めると実用化できなかった事例には、失敗が必然だったと言えるほど、お粗末な準備不足があることが次々と露呈した。地元の理解やニーズ把握、参加する企業や大学などとの綿密な擦り合わせをせずに進めていたことが分かってきた。

「今あるのはユーチューブぐらいですね」。奈良県葛城市は高齢者らに配布した活動量計の集積データを見て保健師が指導するなどの実験に取り組んだが、想定より市民からのニーズが低調だったため、実用化には至らず２０１６年度で終わった。現在残っている取り組みを調べてもらうと、市民が花火大会など地域情報を紹介するユーチューブチャンネル「かつらぎてれび」だけだという。これではＩＣＴを活用した行政サービスとは言えない。

一方、「柏の葉スマートシティ」がある千葉県柏市は不動産開発会社などと連携し、個人の健康データの見える化や共通ＩＤを使用した住民向けポータルサイトといったサービスに取り組んだ。その成果を発展させて健康に関するポータルサイトを構築した。うまくいった背景には、ICT街づくり推進事業の採択を受ける前から、すでにスマートシティーの取り組みを本格化させ、企業や大学と街づくりの方向性の認識を共有していたことがある。市の経営戦略課は「関係者と同じベクトルで進めることができた」と分析する。

県外の大手企業に依存、「草刈り場」に

自治体は国の資金を獲得することが目的となり、国のお金が途絶えた後、地域で自走するためにどこが事業主体となるかなど詳細を決めていた例は少ない。しかもデジタル人材が乏しいこともあって、安易に実証実験の運営全般を企業に依存する例は多い。

調査対象としたICT街づくり推進事業の計42件のうち、ほぼ半分で地元に本社を置かない大手企業が参加していた。企業の関わり自体が悪いことではないが、日本政策投資銀行の子会社である価値総合研究所の山崎清執行役員は「実験場として使われるなど企業の『草刈り場』となりかねない」と指摘する。

その実態を詳しく見てみよう。

「本市の役割は実証フィールドの提供です」。2013年度の実証実験に臨んだ沖縄県名護市に取り組み内容をメールで問うと企画政策課からこんな返信があった。事業概要を記した

総務省の資料に代表提案団体は「名護市」とあるのに、具体的な取り組み内容は不明だという。ＮＴＴデータが中心になって実験内容を固めたとしている。

担当した市職員の１人は取材に対し「言われるがまま動いた。実用化に向けた取り決めはなかった」と振り返った。海抜の低い漁港に潮位計を設置し、気候による潮位変化のデータを蓄積。これを基に市が台風などの発生時に効果的に避難判断を出す実験だったという。

潮位計のデータ自体は正しく把握できたが、自然の潮の満ち引き（天文潮位）を加味しておらず判断材料にならなかった。結局、実験に使った検査機などは活用方法に困り、市内の大学が引き取って大学生らの研究用になった。この職員は「自治体にノウハウが乏しく、企業の仕組みに頼らざるを得なかった。実験に使うのは税金なので内容の見極めが必要という反省はある」と強調した。

総務省の資料を見ると名護市での一連の実験を経て、台風被害が深刻なベトナムなどに海外展開するとも記載されていた。ＮＴＴデータに取材をすると「当時の経緯は不明だが、結局、海外展開にはつながらなかった」と回答があった。

東日本大震災を受けて防災力強化を掲げた宮城県大崎市は、アルプス電気（現アルプスアルパイン）の依頼を受け、２０１３年度に電力が止まっても24時間以上無線で通信できる街路灯の開発を目指した。市内に複数設置する予定だったが、国の資金で設けたのは1基のみで性能を確認して終了した。市政策課は「追加設置分の費用は捻出できなかった」と話し、実験用街路灯も処分されたという。ほかの実験を含めて委託企業2社に計7500万円が国から支払われたが、すべて実現せずに終わった。

実用化を取りやめた実証実験

取り組み内容	理由
奈良県葛城市	
活動量計データを基に保健師が高齢者に健康指導	市民のニーズが少ない
松山市	
市民の健康データを分析して運動などをアドバイス	ランニングコストを出せない
長崎県壱岐市	
農家の見守りシステム構築に向けた調査	公的援助がないとコスト負担できず
沖縄県名護市	
潮位計データを基にして避難を判断	自然の潮の満ち引きを考慮せず、失敗
沖縄県久米島町	
携帯端末を介した農家とホテルの農作物売買	高齢者が多く利用が進まない

(出所)自治体や当時の担当者の証言を基に作成

先に見た沖縄県久米島町の実証実験にはNECが参画していたが、当時の担当職員は「実験後の運営や失敗時の責任について契約を結ぶ発想はなかった」という。

自治体が企業と対等に議論できなければ、結果的に企業に丸投げになってしまう。これには自治体側にデジタル人材が不足している問題がある。総務省の2021年の調査によると、デジタル人材を外部から登用しているのは1741

市区町村のうち9％。企業と対等に立つには優秀なデジタル人材を確保・育成する取り組みが必要になる。

事業乱立、次は「デジタル田園都市国家構想」

国は自ら審査して資金を投じた案件であるのに、成果を生まない原因を詳細に検証していない。総務省によると、有識者の指摘を受けて進捗を調べたのは1回だけで、調査結果を公表していない。地域通信振興課は「政府の政策立案の参考になったと理解している」と説明するが、政府はその後も省庁縦割りで、類似のスマートシティー事業を乱立させた。２０２１～22年度に内閣、国土交通など4府省で延べ１１３件を支援した。

これらに加えて、岸田文雄政権がまた新たな看板を掲げた。「デジタル田園都市国家構想」である。デジタル技術の活用を通じて人口減少や人手不足といった地域課題を解決し、地方活性化を目指すもので、２０２２年12月に5カ年の総合戦略を閣議決定した。行政のデジタルサービスに取り組む都道府県・市区町村を２０２７年度には１５００に増やすことなどを柱とした。

この政策を後押しするため、２０２１～22年度にデジタル田園都市関連の交付金６００億円を予算計上した。自治体が実施するデジタルサービスの構築などに1事業あたり最大6億円（国費ベース）を支援する。これまでに行政サービスをつなぐデータ連携基盤の構築・拡充、ドローンによる物流網の構築、スマートスピーカーを活用した介護予防など計800件超の事業を採択した。

この分野に詳しい日本総合研究所の船田学プリンシパルは「事業の成功、失敗を客観的に分析する第三者機関を作るべきだ。定期的にモニタリングすれば行政へのプレッシャーになる」と指摘し、総務省の事業と同じつまずきを繰り返しかねない現状に警鐘を鳴らす。

3 過疎対策、かすんでいく原則

国境の離島が頼る「過疎債」

別の取材班メンバーは沖縄とは違う方角に飛んだ。2022年10月下旬に向かったのは「国境の島」とも呼ばれる九州北部の離島、長崎県対馬市だった。海岸に建つ展望台に上ると、肉眼でも50キロメートル先の韓国・釜山の街並みが見通せた。戦中戦後に亜鉛採掘でにぎわった島の人口はピークの1960年に6万9000人に上ったが、鉱山の閉鎖などで減少し、現在は2万8000人にとどまる。過疎化が深刻な地域である。

訪問のきっかけは、この離島が過疎地域だけに認められた地方債を積極的に発行し、調達資金を観光イベントにも注ぎ込んでいるのを知ったことだった。地方債は将来返すべき借金であり、インフラなど資産として残るものに使うという原則がある。それを一過性の事業に活用してもいいのだろうか。実際の取り組みを確認する必要があると考えたのだった。

基礎的なところを押さえておこう。

まず「過疎地域」とは何か。「過疎地域の持続的発展の支援に関する特別措置法」（過疎法）は「人口の著しい減少等に伴って地域社会における活力が低下し、生産機能及び生活環境の整備等が他の地域に比較して低位にある地域」と規定する。基準年と比べた人口減少率と財政力指数に基づき、国が指定する。2022年度時点で、その数は東京23区を除く1718市町村の52％、885市町村に達し、1970年の制度開始以降、初めて半数を超えた。

こうした自治体に限り特別に起債が認められているのが1970年に制度化された地方債

のひとつ、過疎対策事業債（過疎債）だ。最長12年かけて返済するが、償還時に元利償還金の7割が普通交付税の基準財政需要額に算入されるため、実質的に国が大部分を肩代わりし、自治体の負担は軽い。

記者が問題意識を向けたのが、この過疎債だった。もともとは公債の原則に従って道路や上下水道、学校再編に伴う校舎の整備など、インフラ向けに使われ、人口減少と高齢化が進展する過疎地域の再生目的で活用されてきた。ところが2010年度以降は原則が拡大され、山間部の交通手段や医師の確保など「非インフラ（ソフト）事業」を対象に加えてもいいことになった。ハード事業である施設やインフラが目に見える形で残るのに対し、ソフト事業は定義が曖昧で、解釈の余地が大きい。そこにイベント事業が紛れ込む。対馬市の過疎債活用計画を事前に調べただけでも、実に様々な事業が盛り込まれていた。

途絶えたスタンプラリー

観光イベントとしては、2017～19年度に対馬が舞台のアニメ「アンゴルモア　元寇《げんこう》合戦記」の人気にあやかり、声優を招いた先行上映会やゆかりの地を巡るスタンプラリーを実施した。経費2500万円のうち1070万円分は過疎債で調達した。対馬市観光商工課は

「過疎債を活用した様々な観光イベントにより、観光客の増加につながった」と強調する。

だが市内を回ると、事情は少し異なるようだ。空港前の観光案内板にシールが雑にはがされた跡があった。地元の観光協会に聞くと、スマートフォンで参加するスタンプラリー用の2次元コードが張られていたという。市内13カ所を巡った人に関連グッズや地元の名産品を贈る内容で、2019年2～4月に200人以上が参加した。市は専用サイト開設などに約600万円を投じたが、維持費負担などを理由にしばらくしてすべて撤去した。

ソフト事業を強化するも、続く人口減少

「イベントの集客効果は続かない」。市内の観光業の男性に声を掛けると、冷めた声が返ってきた。観光案内所には現在もアニメのキャラクターが描かれた「ご朱印」が置かれているものの、手に取る人はまばらだ。

対馬市は2010年度以降、毎年度ソフト事業を目的にした過疎債を発行している。2021年度の発行残高は45億円と全国最多だ。調達した資金は乗り合いバスの維持費や学校給食費の補助などに使ったほか、市街地のライトアップやサイクリング大会などにも充てた。2021年度の起債計画では起債予定額7億円のうち少なくとも約5000万円を観光

誘致目的の事業に使うことになっていた。ソフト事業向け過疎債は国が示した発行限度額に達しない市町村があれば、余った分をほかの市町村が使える。対馬市は2012年度以降、その仕組みを利用して限度額以上を発行し続けていた。

これは必要な借金なのだろうか。比田勝尚喜市長は「全体として市の地方債残高は減らしており、その中で市の負担が少ない過疎債を積極活用している」と説明する。市の人口は2020年までの10年間で17%減ったが「移住者は毎年100人を超え、過疎化を遅らせている」と効果を強調する。過疎債を活用したイベント事業により、来訪者やSNS（交流サイト）による発信で対馬の魅力を知った人が移住につながっているという立場だ。

過疎債が重宝されるのは、地方債の中でも特に恵まれた借金だからだ。国は地方債の種類に応じて、事業費全体のうち起債で賄える割合を示す充当率と、国が交付税措置を通じて元利償還金を肩代わりする割合を細かく規定している。過疎債はそれぞれ100%、70%だ。

これに対し、公共事業のための地方債は90%、50%程度。自己負担が少ないメリットを生かすために自治体は合理的な選択をしていると言える。ただ国は市町村の起債を認めるかどうかの判断を都道府県に委ねており、責任の所在が曖昧になっている。

6割が短期的効果しか見込めないイベント計画

効果が短期的なイベントに充てるケースは全国でどれほどあるのか。

取材班は過疎債を起債するための事業計画をつぶさにあたることにした。2022年10月、過疎地域指定の885市町村のうち、ホームページで公表していた768市町村の事業計画を抽出。多くは2021年度からの5カ年分だ。そこからソフト事業として記されていた祭りやマラソン、プレミアム商品券など観光・イベント関連の事業を抜き出した。人口増につながる可能性がある子育て・出産給付金、医療費助成、結婚・移住支援金などは集計対象から除いた。

集計すると、少なくとも全体の59%にあたる456市町村が短期の効果しか見込めそうにないイベントや金券配布を計画していた。ソフト事業の多くは趣旨に即した交通、医療、教育など長期的な体制構築に充てる比重が大きいものの、本来外すべき一過性の事業が多く紛れ込んでいる実態がくっきりと浮かび上がってきた。

ほかにも「産業振興」をうたう自治体が多いことに気づく。人口約2300人の北海道南富良野町は7月の「湖水まつり」経費としてほぼ毎年度、過疎債を発行。2022年度は演歌歌手や手品師の舞台公演、花火2000発の打ち上げに900万円を充てた。ほかにもPRキャラクターの着ぐるみ制作（奈良県御杖村）や街中のライトアップ（福島県小野町）といった計画がずらりと並んでいる。

ハードを含めた過疎債の残高推移を調べると、新たな事実も判明した。全国の過疎債残高は制度開始の1970年から徐々に増え始め、2000年代初頭に2兆4000億と一度ピークを迎えた。その後インフラ投資が一段落し、1兆6000億円台まで減ったが、ソフト事業にも対象が拡大された2010年ごろから再び増加に転じた。

国債や地方債は将来世代に返済負担を強いるため、資産として残る事業に活用する必要がある。ソフト事業向けでも長期間の効果が求められる。

総務省財務調査課は「（起債の可否を判断する）都道府県向け説明会では、花火大会などのイベントや商品券配布など効果が一過性にとどまるものは対象外だと強調している」とする。その上で「起債同意するのは都道府県知事。不適切事例がないとは言いきれないが、総務省として指摘したことはない」と説明する。

地方財政に詳しい弘前大の金目哲郎准教授は「国と地方の財源不足を背景に、過疎債が将来世代への負担の先送りに使われている」と指摘する。

過疎対策事業債の残高推移

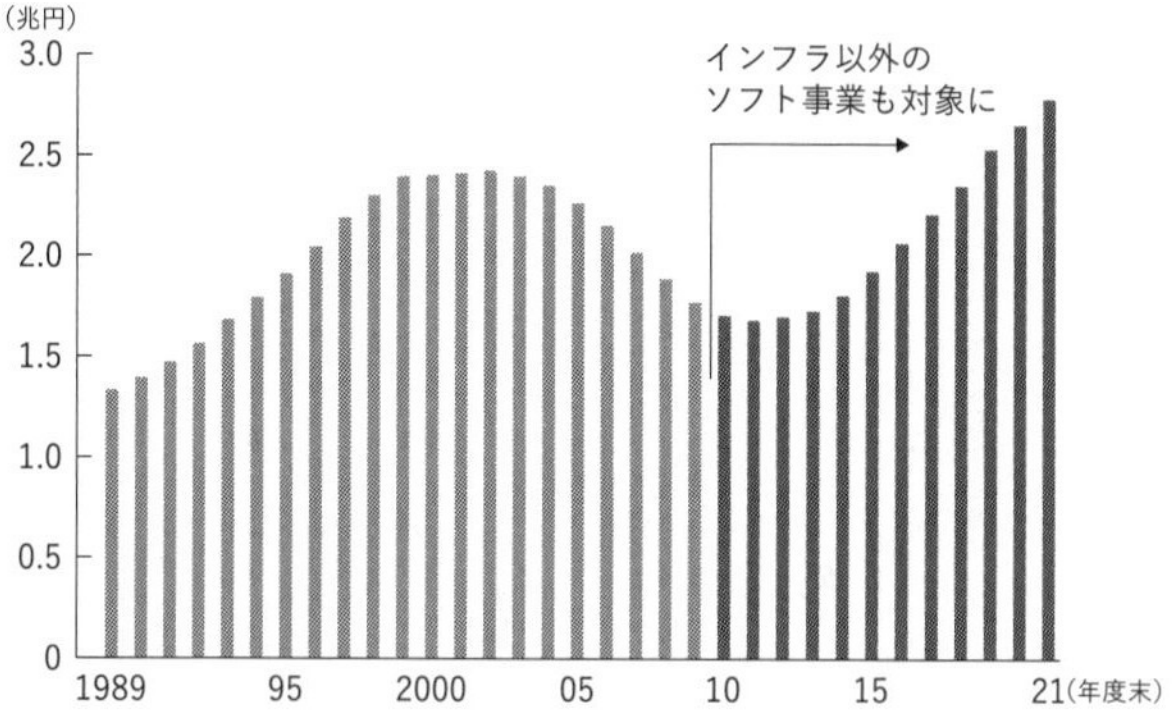

(出所)総務省の地方財政状況調査

もっとも、自治体の借金はインフラ投資が一段落したこともあり、全体は縮小している。2021年度末の過疎債を含む地方債残高(臨時財政対策除く)は36兆円で、2010年度末比で1割以上減った。過疎債残高はこの流れと逆行する。2021年度末時点の過疎債残高は過去最多の2兆7000億円。過疎地指定の増加に加え、ソフト事業が押し上げた。

過疎債は国民の負担比率が大きい。大阪大の赤井伸郎教授は「国は必要なところに資金が回り、過疎対策として効果を生んでいるかを検証する必要がある」と指摘する。

4 吹き出したコロナ病床の矛盾

本書の締めくくりとして、再び新型コロナウイルス対策を巡る国費投入の歪んだ実像に迫ろう。新型コロナのパンデミック（世界的大流行）は日本の医療体制やそのガバナンスに関わる構造的な問題をあぶり出すきっかけとなった。コロナ対策の最前線となった地域医療を巡っても、国と地方の責任の所在は曖昧だ。その結果、コロナの患者を十分に受け入れていない病院にも多額の補助金が注ぎ込まれる問題が生じたのだった。

数字の積み上げ優先、稼働は二の次

「都が確保したと言っている病床数がまやかしだ。ベッドが空いていても、医師や看護師がいなければ患者は受け入れられない。数字上の病床数の積み上げばかりを優先して、実際に稼働できるかは二の次だった」

これは東京都のある幹部の証言だ。コロナ流行第5波に見舞われた2021年8～9月、都立病院機構によると、都立14病院が確保した計2000床の使用率はピーク時でも71・

3％にとどまっていた。600床近くの空床があった計算だが、この前後では都内で100〜500人の入院先が決まっていなかった。入院先が決まらず大量の患者が自宅待機を強いられた第3波はピーク時でも病床使用率は49・2％と半分もベッドが埋まっていなかった。なぜベッドが埋まっていないのに、医療現場は逼迫したのか。疑問をぶつけた記者に対して、都幹部は苦しい胸の内を明かしたのだった。

要するに都が掲げた病床数は、現場がどんなに踏ん張っても達成できない無理筋の努力目標だったというわけだ。対外的に公表している確保病床数と実際の受け入れ能力に開きがある事実だけでも大問題だが、都立14病院はコロナ患者を受け入れる病院に支払われる「病床確保料」という名称の補助金を受け取っている。その金額は2020〜21年度の2年間で計908億円に及ぶ。病床確保料は補助対象となる病床数に応じて支払われる仕組みのため、基本的にはコロナ病床の多い病院ほど交付額は大きくなる。

都立病院機構は「コロナ病床として確保したものでも、その時点で医師や看護師が配置できていなかった病床は確保料の申請対象から外した」として正当な請求だったと主張する。実際、都が重点病院と位置づけた豊島病院では第5波のピーク前後、確保病床数としていた240床ではなく195床で補助金申請していた日があった。195床がこの病院の真の実力ということだが、この数字を分母にしても病床使用率は63％にとどまる。確保料に見合った受け入れ状況だったとは言いがたい。

2年間で3兆円を交付

病床確保料の仕組みをもう少し詳しく見ていきたい。対象となるのは、①患者のいないコロナ病床（空床）、②コロナ患者受け入れのため休止する病床（休止病床）――の2つだ。こうした病床は無収入となるため、その損失を補塡する趣旨だ。休止病床も対象としたのは多くの病院が流行初期、他病棟の医師や看護師をかき集めてコロナ対応に投入したためだ。コロナ以外の診療を大幅に制限せざるを得ず医業収入が大幅に落ち込んだ病院も少なくなかった。

金額は対象となる病床数に応じて決まる。補助額は病床の種類によって異なり、ＩＣＵ（集中治療室）は1床1日最大43万６０００円、ＨＣＵ（高度治療室）は同21万１０００円、一般病床は同7万４０００円だ。一般病床20床をコロナ病床に転換した病院があったとしよう。人手を確保するため、ほかに20床も休止した。この場合、1日の病床確保料は入院者数が15人の日なら空床分の5床と休止病床分の20床の計25床に7万４０００円を乗じた

病床確保料の仕組み

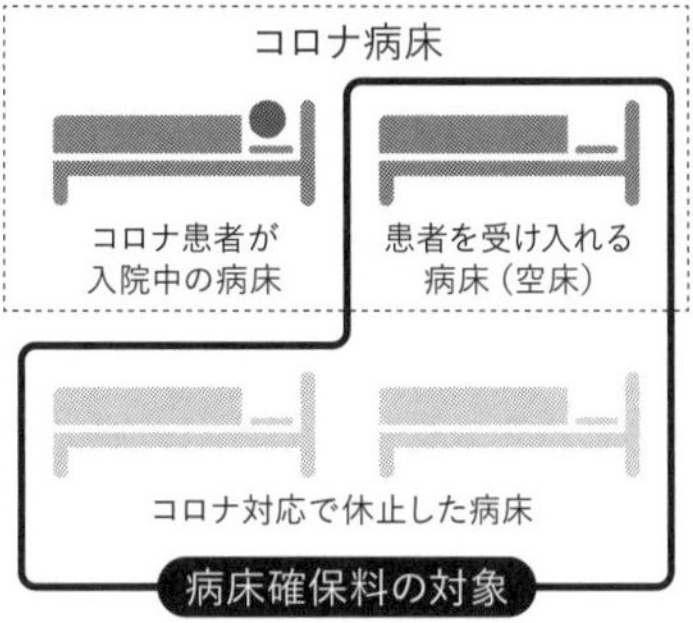

185万円となる。

財源は国の新型コロナウイルス感染症緊急包括支援交付金だ。実際の交付は都道府県が実施する。2020～21年度の2年間に支払った総額は3兆円に達する。

「低稼働」404病院に3660億円

果たして病床確保料は金額に見合った効果を上げられたのか。東京都幹部の証言を聞く限り、効果は不十分だったと言っていい。同じような実態が全国でも見られるのではないかと考え、取材班は検証に着手した。

まず47都道府県に対し、①2020～21年度の病院別の病床確保料、②第3～6波のピーク日の病院別コロナ病床数と入院者数――が分かる資料を情報公開請求した。41府県が全面開示に応じ、①と②のいずれかを不開示としたのが宮城、福井、福岡、大分の4県、ともに不開示としたのが北海道だった。東京は①は不開示とし、②は国公立病院のみ開示した。

かねて補助金を得ながら患者を受け入れない「幽霊病床」の存在が指摘されていたが、厚生労働省医政局は「病床確保に苦労する中で補助要件の厳格化は難しかった」という。国がようやく動いたのは２０２２年１月。直近３カ月間の病床使用率が都道府県平均の７割未満の病院は補助額を３割減らすとの基準を設けた。

取材班はこれを参考にして複数の有識者の助言を得ながら、計４回のピークのうち病床使用率が都道府県平均の７割未満だったことが２回以上あった病院を「低稼働」であると評価した。

「低稼働」404病院の内訳

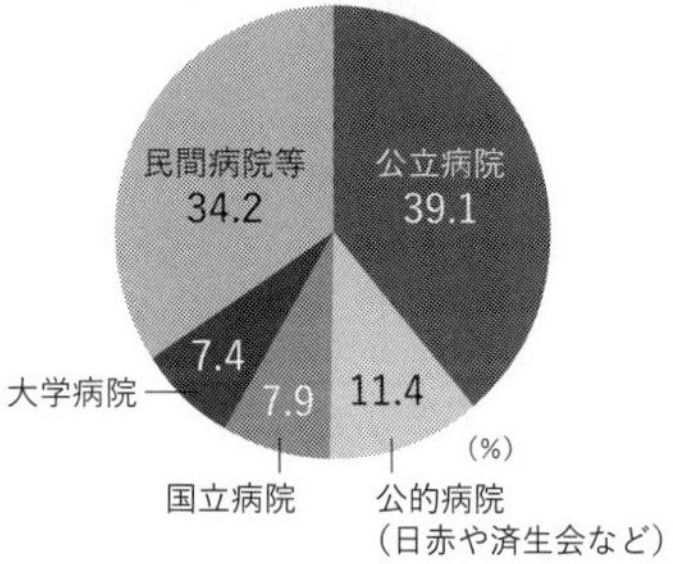

（注）開示資料から日本経済新聞が集計

その結果、東京都の都立病院と同じ実態が全国に広がっていることが明らかになった。稼働状況を開示した44都府県の約２０００病院を分析すると、２割の４０４病院がこの基準を下回っていたのである。このうち病床確保料が開示された３８３病院への補助金総額は３６６７億円だった。１病院あたり平均約10億円となる規模だ。

病院の種類別で見ると、最も多かったのが公立病院の１５８病院で全体の約39％を占めた。日本赤十字社や済生会などの公的病院46病院（11％）、国立病院31病院（8％）、大学病院30病院（7％）を合わせると66％。いずれも2022年12月に成立した改正感染症法で医療提供を義務づけた病院だ。公立は受け入れ病院数に占める割合で見れば2割にとどまることを踏まえると、突出ぶりがうかがえる。

都道府県の懐痛まず

「この病院に70床用意しろというのが無理な話だった」。埼玉県内の公的病院の院長は基準を下回った理由として県の確保要請自体が現実的でなかったと指摘する。プレハブ病棟が建てられる広い駐車場があるとの理由で白羽の矢が立ったが、総病床数300床のこの病院でコロナ病床70床を運用しようとすると、通常診療の半分を止めて医師や看護師をかき集めなければならなかった。もともと医療資源の乏しい地域だけに医療が崩壊しかねず、とても現実的な選択肢とは思えなかった。最終的に45床を動かすのがやっとだった。

「受け入れないというより、受け入れられなかったという方が実態に近い」。流行初期からコロナ患者を受け入れる愛知県内の民間病院の理事長も、都道府県が設定した病床数が実態を反映していなかったとの立場だ。特に自治体の意向が働きやすい公立・公的病院でその傾向が強かったとみる。

国や都道府県が病床確保に躍起になったのは、人口あたりの病床数が世界一のはずの日本が欧米を遥かに下回る感染者数で医療崩壊の瀬戸際に立ったことに厳しい声が上がったためだ。ただ、根本的な原因は小規模の病院が乱立し、医師や看護師などの医療資源が分散して有事に力を結集できない日本の医療体制にある。役割分担も曖昧で病院間の連携も不十分だ。

こうした構造問題にメスを入れず大量の補助金を注ぎ込んでも効果は生まれず、病院だけが焼け太る。病床確保料の財源を国の交付金で賄ったことも規律を緩ませた。都道府県の懐は痛まず、費用対効果の感覚が乏しいまま見かけ上の病床数を積み上げさせる結果となった。

病院経営、焼け太り

「赤字続きだった公立病院は考えられないほどの黒字をコロナ禍で計上している」。大阪府内の公立病院の幹部は打ち明ける。総務省が毎年まとめている地方公営企業等決算を見れば明らかだ。全国の公立病院の経常損益は2019年度に計980億円の赤字だったが、2020年度に1251億円の黒字に転換。2021年度も3256億円の黒字だった。

経常損益の推移（公立病院）

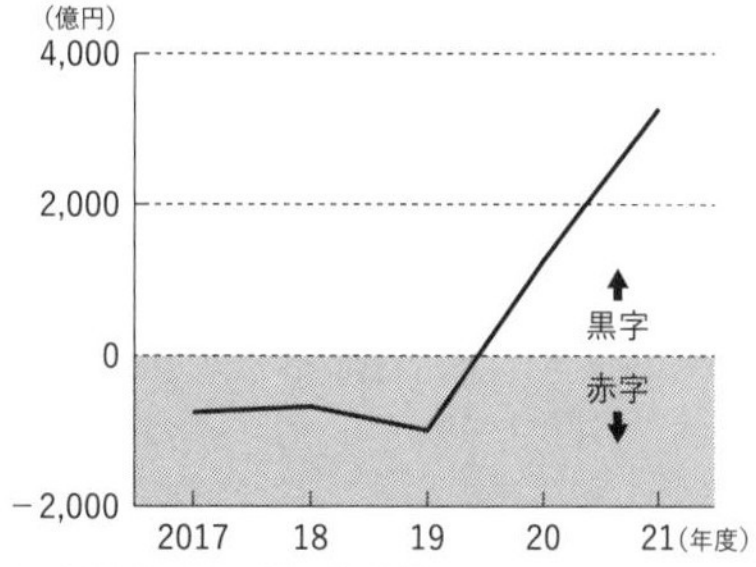

（出所）総務省「地方公営企業等決算」

経常損益の推移（国立病院）

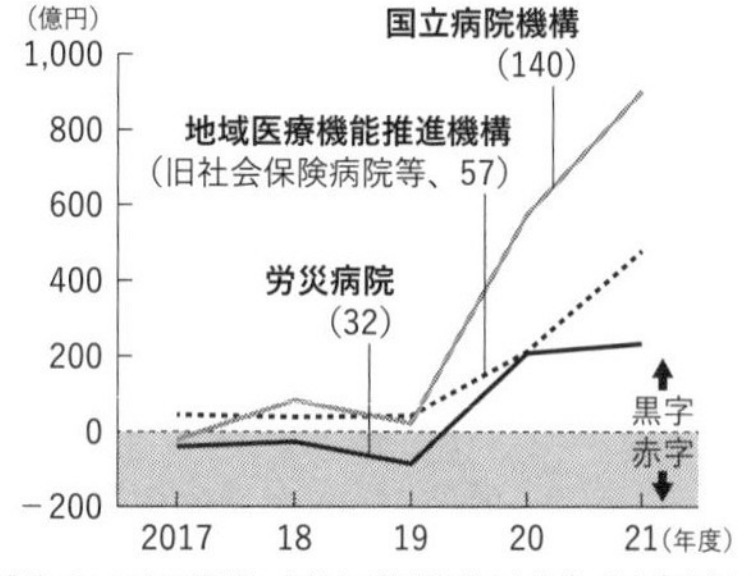

（注）カッコ内は病院数。各法人の決算資料から作成、法人収支含む公立病院だけではない。国立病院機構は黒字額が２０１９年度の23億円から２０２０年度は５７６億円となり、２０２１年度には９０７億円に膨らんだ。旧社会保険病院などを運営する地域医療機能推進機構や労災病院を運営する労働者健康安全機構も同様だ。いずれの病院もコロナ患者を受け入れるため通常医療を制限した減収分を補って余りある病床確保料が

経営を潤した。

本来、補助金は対象事業の費用の全部または一部を肩代わりすることで後押しするものだ。事業者が補助金で巨額の利益を上げることはあり得ない。未知の感染症に対して二の足を踏んでいた病院の背中を押したのは事実だが制度設計の甘さは否めない。

用意したコロナ病床を遥かに上回る病床を休止して巨額の補助金を受け取っていた病院もあった。顕著なのが長崎県の佐世保市総合医療センターだ。第5波のピーク時にはコロナ病床20床を確保するために8倍の162床を休止した。2020~21年度の2年間の病床確保料は計54億円に達する。看護部長は大量の休止病床が生じた理由について「妊婦や認知症の高齢者などケアが必要な患者が多く、手厚く看護師を配置する必要があったため」と説明する。中等症以下の患者を受け入れる病床もすべてHCUと同等の患者4人に対して看護師1人の配置とした。診療報酬はHCUとして一般病床より高い点数を請求していた。休止病床の確保料と診療報酬の加算の二重で収益が上がる結果になった。同程度の病床を確保しながら、補助金は半分以下で済んだ病院は多数あることを考えると、同センターが得た金額は相対的に高すぎるのではないだろうか。

同センターの決算資料を見ると、病床を大量休止した割に医業収入は最大で1割程度の落ち込みにとどまっている。一方で医業収入の落ち込みを遥かに上回る補助金で黒字額は2019年度の5800万円から2020年度は19億円、2021年度は21億円となった。長崎県の1日の感染者数は第5波のピークでも114人にとどまる。国は2022年1月からコロナ病床1床に対する休止病床を2床（ICU、HCUは4床）までとする上限を設けているものの、必要以上に休止病床を設定している病院がないか検証は欠かせない。

病院が焼け太りする要因はもうひとつある。もともとの病床稼働率に関係なく一律に病床確保料が支払われることだ。例えば普段の病床稼働率が80％の病棟があったとする。100床の病棟だったとすると20床はもともと収入のない病床だ。ところがコロナ病棟に転換した瞬間、全病床に診療報酬か病床確保料のどちらかが支払われることになる。元の病床稼働率が低い病棟ほどコロナ病棟に切り替えたときの増収効果は大きい。もともと赤字体質だった国公立病院が劇的に収益改善する要因となっている。

本来は交付する都道府県が厳しく審査すべきだが申請内容をそのまま鵜呑みにしているのが現状と言える。会計検査院が2022年11月に公表した2021年度の決算検査報告では、都道府県が不適切な高額請求を見逃すなどして2020年度だけで32医療機関に計約55億円を過大交付したと指摘した。国の交付金で全額手当てするため監視は甘くなっていると言わざるを得ない。

国の動きは鈍く

このように病床確保料には問題点が多いのだが、国の動きは鈍い。患者を積極的に受け入れない病院の補助金を引き下げ、休止病床数に上限を設ける措置を決めたのは制度開始から1年9カ月がたった2022年1月のこと。同年10月には半年間の病床使用率が50％を下回る病院の補助金額に上限を設ける制度も始めたものの、様々な適用除外条件が付与されて骨抜きにされた感が否めない。

背景には行政側の保身も垣間見える。事を荒立ててコロナ病床を減らした場合に責任を問われる可能性があるからだ。検証も手つかずのままだ。北海道や東京など情報公開請求に対して病院別の病床使用率や病床確保料といった基本的なデータすら開示を拒む自治体もあるほどだ。2022年12月に成立した改正感染症法で次に感染症が流行したときには公立・公的病院など地域の基幹病院は医療提供が義務付けられる。実効性を高めるためには国や都道府県の役割分担と責任の所在をはっきりとさせ、病床確保料を含めた医療提供体制全体を徹底して検証する必要がある。

「国費解剖」取材班

鷺森弘
上杉素直
小西雄介
朝倉侑平
広瀬洋平
寺岡篤志
安部大至
岩崎邦宏
藤井将太
島本雄太
久保田昌幸
三浦日向

日経プレミアシリーズ　490

国《こく》費《ひ》解《かい》剖《ぼう》

二〇二三年三月八日　一刷

編者　日本経済新聞社

発行者　國分正哉

発行　株式会社日経ＢＰ
日本経済新聞出版

発売　株式会社日経ＢＰマーケティング
〒一〇五―八三〇八
東京都港区虎ノ門四―三―一二

装幀　ベターデイズ

組版　マーリンクレイン

印刷・製本　中央精版印刷株式会社

ISBN 978-4-296-11623-2　Printed in Japan

日経プレミアシリーズ 488

株式投資2023

前田昌孝

円安や企業業績の株価への影響、真価が問われる東証プライム市場、岸田カラーのかなめ「新しい資本主義」、資産形成で要注目の新NISAや税制改正――話題がてんこ盛りの2023年の株式市場を、取材歴40年の記者が取材とデータ分析をもとに独自の切り口で解説。

日経プレミアシリーズ 483

どうすれば日本人の賃金は上がるのか

野口悠紀雄

いまや、他の先進国と比べて、賃金の安い国となった日本。「物価は上がるのに、賃金が上がらない」現状は、私たちの生活をじわじわと追い詰めている。どうすれば、この状況から脱することができるのか？　独自のデータ分析によって長期的な賃金停滞の根本原因を明らかにし、日本経済の再活性化のためにいま本当に必要な施策は何かを考える。

日経プレミアシリーズ 428

無駄だらけの社会保障

日本経済新聞社 編

社会保障にまつわる国家支出は年々増え、国民の重い負担になっているが、医療や介護の現場を探ると想像を絶するほど多額の〝無駄遣い〟が生じている。日本経済新聞の調査報道チームが、膨大なデータの独自分析によって日本の社会保障が抱える「病」に切り込む。